HOSEI University
Graduation Works Exhibitions

2021 法政大学建築学科卒業設計有志展

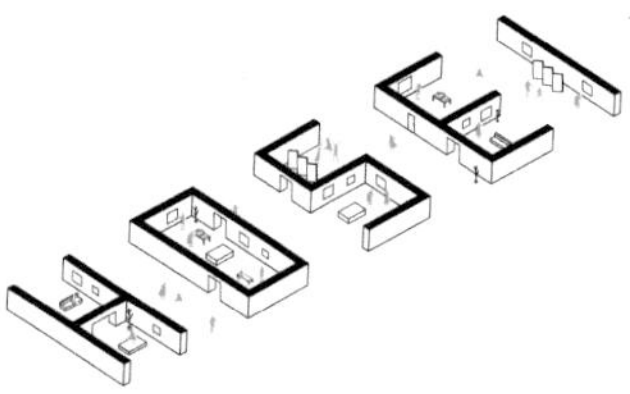

は じ め に

「2021 法政大学建築学科卒業設計有志展」は、学内の公開審査会の後に、学生による企画運営のもと開催されました。法政大学では全学生が卒業論文と卒業設計の両方に取り組みます。一年間考え、手を動かしてきた作品を皆が発表し、より多くの方に見ていただく機会を設けたいという願いから始まった有志展も今回で4回目を迎えました。

今年度はゲスト審査員として、山道拓人氏、髙橋一平氏、谷尻誠氏、手塚貴晴氏、内藤廣氏、中川エリカ氏(五十音順)、以上6名にご多忙の中お越しいただきました。

有志展は19名の学生によって行われました。今年は新型コロナウイルス感染拡大の影響によりオフラインでの開催が危ぶまれ、多くのイレギュラーな事態が発生しました。そのような状況ではありましたが、感染対策・3密回避を徹底し、審査員の皆さま、協賛企業様ほか多くの方のご尽力により開催の運びとなりました。

今年度の卒業設計は、オンラインエスキス・自宅での制作を余儀なくされました。皆が現在の建築や都市に対する沸々と湧き上がる思いを内に秘めた一年でした。その思いを個々の自由空間をつくることによって展示空間へ昇華し、個性豊かな展示となりました。
「リアルでの議論・展示がしたい」という有志学生皆の願いが実った瞬間でした。
コロナ禍という特殊な状況下で、未熟ながら醸成された私たちの作品たちをご覧ください。

2021 法政大学建築学科 卒業設計有志展　学生一同

特別協賛および作品集発行にあたって

ハイレベルなスキルと高い倫理観を持つ技術者の育成を通じ、建設業界そして社会に貢献する―、それを企業理念として、私たち総合資格学院は創業以来、建築関係を中心とした資格スクールを運営してきました。そして、この事業を通じ、安心・安全な社会づくりに寄与していくことが当社の使命であると考え、有資格者をはじめとした建築に関わる人々の育成に日々努めております。

その一環として、将来の活躍が期待される、建築の世界を志す学生の方々がさらに大きな夢を抱き、志望の進路に突き進むことができるよう、さまざまな支援を全国で行っております。卒業設計展への協賛やその作品集の発行、就職セミナーなどは代表的な例です。

「法政大学建築学科 卒業設計有志展」では、2020年より当社が作品集を制作しております。出展者の皆さまが4年間の学生生活で学び、取り組まれてきた成果である卒業設計を紹介し、審査員からのコメントもすべての出展作品に対して掲載しております。また、審査員による講評会の模様も収録し、資料としても非常に有益な、読み応えのある作品集です。本作品集が、法政大学建築学科の後輩の方をはじめ、社会に広く発信され、多くの方々に読み継がれていくことを願っております。

近年の建築・建設業界は人材不足が大きな問題となっていますが、新型コロナウイルス感染拡大により、私たちの生活や社会の仕組みそのものが変化せざるを得ない状況となりました。そのようななか、本設計展に参加された学生の方々、また本作品集をご覧になった若い方々が、時代の変化を捉えて新しい建築の在り方を構築し、高い倫理観と実務能力を持った建築家そして技術者となって、将来、家づくり、都市づくり、国づくりに貢献されることを期待しております。

総合資格学院 学院長　　岸 隆司

CONTENTS

2021 法政大学建築学科卒業設計有志展　開催概要

出展者数	19名
日程	2021年2月17日（水）～2021年2月18日（木）
会場	3331 Arts Chiyoda 1F　コミュニティスペース
審査員	内藤 廣（内藤廣建築設計事務所／東京大学名誉教授） 手塚 貴晴（手塚建築研究所／東京都市大学教授） 谷尻 誠（SUPPOSE DESIGN OFFICE／大阪芸術大学准教授） 髙橋 一平（髙橋一平建築事務所） 中川 エリカ（中川エリカ建築設計事務所） 山道 拓人（ツバメアーキテクツ／法政大学専任講師 2021.4～）
主催	2021 法政大学建築学科卒業設計有志展 学生一同
特別協賛	㈱総合資格　総合資格学院
協賛	㈱レモン画翠／シューコー・ジャパン㈱／㈱辰

受賞作品一覧

優秀賞	石井 冴	まちを継ぐ－郊外住宅を境界から再考する－
	瀬谷 祐人	「赫」文化的民家群風景の再編
	長岡 杏佳	儚きものからの再編 二畳半の空間のあり方
	宮澤 哲平	Urban Village Building“S” 働き開きによる新しい共同体の構想
内藤廣賞	田中 麗子	展開 店舗併設住宅によるミセ＋ミチの再考
手塚貴晴賞	髙木 夏奈子	“とっておき”の宿るみち 公開性をもつ住宅がつくる商店街の形
谷尻誠賞	葛城 まおり	キノウの遺産
髙橋一平賞	関根 康成	神林考 まちの背中に残る中庭
中川エリカ賞	田伏 莉子	映り変わり－世田谷線の境界－
山道拓人賞	廣瀬 萌音	トキドキハレ 町の顔となる駅前空間の再考

講評会

2月17日の講評会は、新型コロナウイルス感染症対策のため、
一般の来場を制限しながら行われた。
出展者は模型の前で、1人ずつ巡回する審査員に対しプレゼンテーションを実施。
巡回形式の審査を経て、審査員が各作品に付けた点数を集計し上位10名が選出された。
この中から受賞者を決めるための議論が交わされる。

内藤 廣
内藤廣建築設計事務所
東京大学名誉教授

手塚 貴晴
手塚建築研究所
東京都市大学教授

谷尻 誠
SUPPOSE DESIGN OFFICE
大阪芸術大学准教授

髙橋 一平
髙橋一平建築事務所

中川 エリカ
中川エリカ建築設計
事務所

山道 拓人
ツバメアーキテクツ
法政大学専任講師(2021.4〜)

建築を「つくっている」か？

上位10名＝石井冴、内山媛理、勝野楓未、葛城まおり、瀬谷祐人、田中麗子、田伏莉子、長岡杏佳、廣瀬萌音、宮澤哲平(50音順)

山道 指名を受けましたので、私がモデレーターとして進行します。まずは審査員それぞれから“推し”を紹介していきましょう。さっそく私から述べていきますと、全体的にまちの資源やおもしろい振る舞いを調査していく提案が多かったと思いました。しかし、それらのほとんどは、調査したものがバラバラのまま、サンプリングをするだけで終わってしまった印象です。その中で宮澤くんの提案は、50年くらいの迫力あるタイムラインを設計していて、時間軸上に展開する統合の方法が示されています。中川さんはいかがでしょうか？

中川 私は最も高い3点の票を長岡さんに入れました。全体の印象としては、今年だけの傾向ではないかもしれませんが、50分の1の模型がすごく多いと思いました。部分の提案には便利なスケールなのですが、全体計画へのつながりがあまり感じられませんでした。添景をはぎとると何が建築的提案として残るのか分かりづらい作品もありました。だから、きちんと問題提起を立てたうえで、設計まできちんと至っていると思った方々に票を入れています。

髙橋 今年度は木造が多いですね。木造といっても、よくある伝統的・歴史的な使い方ではなく、明るく現代的に木造をつくっている人が多かったので、とても良いと思いました。3点をつけた瀬谷くんは、どちらかというと伝統的な使い方に寄っているのですが……。一つひとつの評価は、また後でコメントすることにします。

ものをつくる以上、人が驚く仕掛けがなくては――手塚

谷尻 環境のリサーチと、それを踏まえた問題提起は、皆さん精度が高いなと思いました。しかし、できあがった建築からは設計者の意思があまり伝わってきませんでした。僕はやはり、建築をつくることでその場所がどうなっていくかということにとても関心があります。建築の力を信じているからです。なんだか頭でっかちで、グッとくるものがなかったというのが正直な感想です。建築家は、何を題材に、どれくらい地域に向き合っているかがとても重要です。それは学生の設計であっても変わりません。その中で葛城さんの提案は、リアリティを持って可能性を示唆していると感じ3点を入れました。

手塚 石井さんの提案だけが、私をドキッとさせました。模型の壁が開いたんですよ。どんどん壁の位置が変わっていく。ものをつくる以上は、人が驚くような仕掛けが少しでもないと存在意義がないのではと思います。だから私は、見たことがあるものは評価しない。そのような観点で票を入れました。

内藤 まず皆さんに伝えておきたいのが、票が入らなかった人も別にがっかりする必要なんてないということです。たまたま上手くいかなかった、回路がどこかで断線してしまったんだろうと思います。卒業設計は最初で最後のトライアルです。せっかくなので、皆さん自身の個性がうかがえる建築が良いと思って票を入れました。

山道 皆さんありがとうございます。石井さんの提案について、団地や住宅の建て替えの間だけ住む、短期の住まいでした。建築は面白いのですが、デザインの面白さはあると思いつつ、枠組みの提案と相乗的な関係をつくることができているのか、若干気になっています。中川さん、石井さんの提案はどうご覧になりましたか？

中川 巡回審査で本人にも伝えたのですが、提案の切り口やコンセプトは面白いし、更新のアイデアも良い。しかし、まだ道半ばにあるという感じが否めません。敷地規模や扱おうとした問題に対して、できあがった建築が少し小さいのかもしれません。

手塚 反論しても良いですか。学生の皆さんが提案するコンセプトは、当然ながら実務のレベルとは程遠いものです。それでも、がむしゃらにつくっていて、もしかすると『新建築』に載るかもしれないと感じた提案は石井さんだけでした。壁が動いて空間が変わっていくことで、住み手のあり方も変わっていったらもっと面白いと思います。卒業設計を見ていて、「つくらなくて良い」とする提案が最近多い気がして、つくらないなら点数はあげたくないです。今回出展している中では、石井さんが一番しっかりとつくっていました。

山道 ありがとうございます。もう1人、宮澤くんにも票が集中しています。宮澤くんの提案は手塚さんが指摘するように、つくっているようでつくっていない感じがするので、その点について本人から一言もらいましょう。

宮澤 建築家である自分がいなくても、その空間や場が、

「将来像」の解像度が高すぎる。これが建築なのか —— 高橋

使う人によってできあがっていけば良いと思っています。僕が卒業設計で示したかったことは、自分でつくるというより、こうあってほしいという将来像です。

山道 今のコメントは、谷尻さんが先ほどおっしゃった内容の真逆をいくように思いますが、谷尻さんいかがですか？

谷尻 宮澤くんの「働き開き」という言葉は良いと思いますし、これからの社会に必要とされる考え方です。しかし、働き開くための手法は、建築でも仕組みによるものでも可能であって、まず組合をつくって全体をシェアするという設定でスタートする彼の提案にはピンときませんでした。

高橋 僕は、これが建築なのかという疑問が大きいです。先ほど宮澤くんが「将来像」であると言っていましたが、それでしかないということです。細部に拘りを強く感じ、理想となる「像」の解像度が高すぎるような気がしました。これらを実現化するためには、これだけの大規模な雑居ビル群を宮澤くんが人生をかけてずっと見守らないと成り立たないと思います。言い換えれば、建築のタフさ、リノベーションしていく強い原理を全然感じられないというのが正直なところです。

手塚 「自分がつくらなくていい」というコメントは、なんだか嫌な感じがします。内藤さんは渋谷駅周辺の開発に中心メンバーとして関わっていますが、それぞれの建物にデザインアーキテクトを採用し、他の建築家に設計をまかせているように見せて、実はコントロールしている

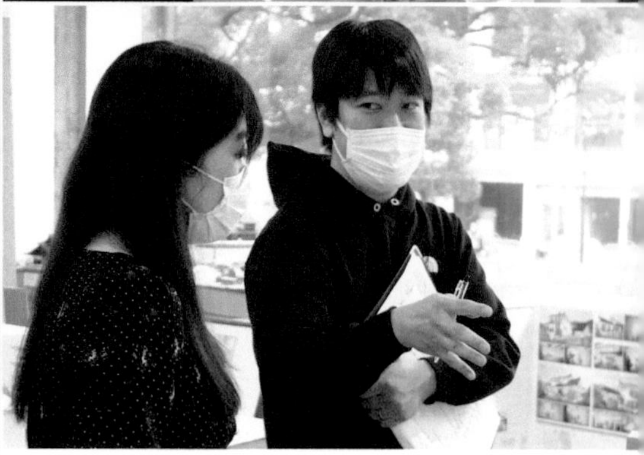

んです。さらに自分は自分で銀座線渋谷駅を設計している。このように建築家としてつくる欲を持っている人でないと、プロジェクトをリードすることなんてできません。

内藤 渋谷駅周辺の開発について、マスタープランでは具体的な建築の形を定める必要はないのですが、最終的にこのような空気感のある建築になってほしいというイメージはあります。イメージと言っても、大規模なエリアを相手にするときは、それを強く持っていないといけない。宮澤くんには、その点は忘れないでほしいと思いますね。

手塚 内藤さんはこんな気持ちでつくっているんだよ。君がつくらないって言ったら終わりだよ。

宮澤 いや、つくりはするし、ビジョンも持っているのですが……。

手塚 ちょっとお茶飲んで落ち着いて。(ペットボトルを差し出す)

優秀賞、個人賞の決定へ

山道 宮澤くんには、少し時間をおいてから改めてコメントしてもらいましょう。もう1人、葛城さんにも話を聞いてみたいと思います。葛城さんの提案は、マスタープラン的に自分以外の設計者が介入する余地を持たせつつ、葛城さん自身もしっかりと空間に手を加えていて、両軸があると感じました。

葛城 私は、高速道路が道路以外の機能を持たずにつくられている点に昔から疑問を抱いていました。卒業設計ではその疑問に対して、思い切ってさまざまなタイプの空間を入れてみました。

マスタープラン的でありながら、自身もしっかり手を加えている——山道

山道 何年後に、この提案が実現できると思いますか？今は騒音やにおいの問題があって実現は難しそうですが、エコカーが浸透するなど、社会状況が変わるとインフラの意味も変わってくるというメッセージが、この提案には含まれていると感じたのですが。

葛城 10年後くらいの、そこまで遠くない将来を想定しています。社会状況が変わっていくであろう最初の一歩として、この提案をしています。

山道 ありがとうございます。最も点数が高いのが長岡さんと宮澤さん、次いで石井さん、葛城さん、瀬谷さんと並んでいますね。この5名の中から、優秀賞となる3名を選んでいくことになります。この中で、長岡さんと瀬谷くんについてはまだあまり触れられていないので、2人から一言ずつもらいましょう。

長岡 インフラの変化によって生まれ、そして今は路地に対して閉じられて役割を失いつつある二畳半の空間へ目を向けさせることを目標に、再び人が溜まるような場を提案しました。

瀬谷 僕は、今まで自分が関わってこなかった地域と徹底的に向き合ってきました。現地でのフィールドワークを重ね、地域の解像度を上げていく中で、あの赤い風景をこれからも残していきたいと強く思うようになりました。今まで見たことがないような形で、伝統建築をさらに昇華させていきたいです。RCの壁が良くないという意見も

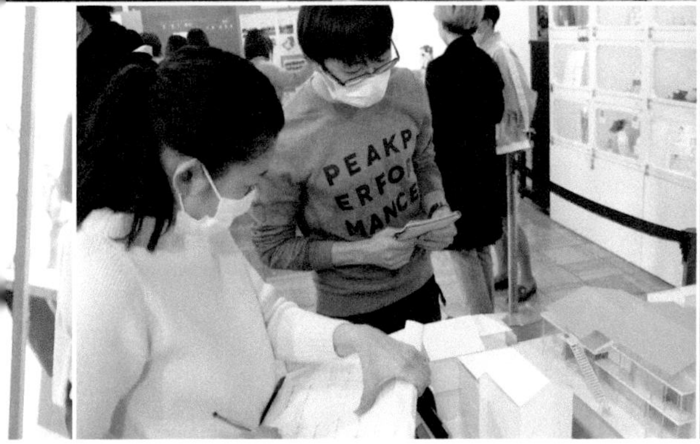

あるのですが、それは自身も納得できていません。しかし、新しいものに挑戦することを第一にした結果でもあります。提案の中にある、こうした僕の葛藤を見てもらえればと思っています。

山道 はい、ありがとうございます。上位の提案はそれぞれタイプが異なっているから、どうやって決めましょうか。

手塚 これは絶対残したいと思う提案に審査員が手をあげて、それを再度集計するというのはどうですか。

山道 そうしましょう。先ほどの５名に加えて、次点の内山さんと廣瀬さんも対象にして、手は何回あげても良いことにします。では皆さんお願いします。

(上位３名＝長岡５票、石井４票、瀬谷・宮澤３票)

山道 もう一度集約します。瀬谷くんと宮澤くんのどちらかに手をあげてください。

(瀬谷、宮澤が同率)

山道 これは……手をあげた理由を聞いた方が良さそうですね。

中川 最初の投票では瀬谷くんには入れず、宮澤くんに入れていました。が、今は瀬谷君の方が、地域の風景に対してこうあってほしいという意識が強く感じられたので、瀬谷くんに手をあげました。

髙橋 瀬谷くんの提案は伝統建築を扱っているので、渋い印象を持つ方もいるかもしれませんが、内容は相当現代的です。白い壁はまるでパラディオ建築のようで、かなり上手いと思いました。また、現地に通ってリサーチして、とてもパワーを感じます。同じようにリサーチを重ねた人の中で最も完成度の高い提案です。

つくった数に応じて建築家に近づいていく――谷尻

谷尻 宮澤くんは上手だと思いました。一方で、瀬谷くんは下手だと思いました。でも下手なのは悪いことではなくて、つくった数に応じて建築家に近づいていくと思うので、そういう意味では瀬谷くんの方が、建築家としての資質が高いと思いました。今が上手いかどうかよりも、瀬谷くんの将来性を評価したい。

山道 宮澤くんに手をあげた手塚さんと内藤さんにも一言いただきたいです。

手塚 今回の法政大学の卒業設計は、大人しい木造が多い印象です。その中でしつこく大きなスケールで取り組んでいるのは宮澤くんの提案だけだと思うので、これは残しておきたい。先程お茶をあげたことですしね。

内藤 なんだか宮澤くん大変だね。髙橋さんが攻撃したためにこんな話題になって（笑）。でも僕は、髙橋さんが街区を設計したとしたら、宮澤くんの提案のようになるのではないかと思っています。おそらく自分に似たものを否定する自己否定の精神からきているのでしょう。僕はこんな街区があったら住みたいと思います。

中川 また集計しても同じことで、３名に決まらないと思います。山道さんが裏切らない限り(笑)。

山道 難しいですね(笑)。この４名を優秀賞ということで、よろしいでしょうか？

審査員一同 はい。

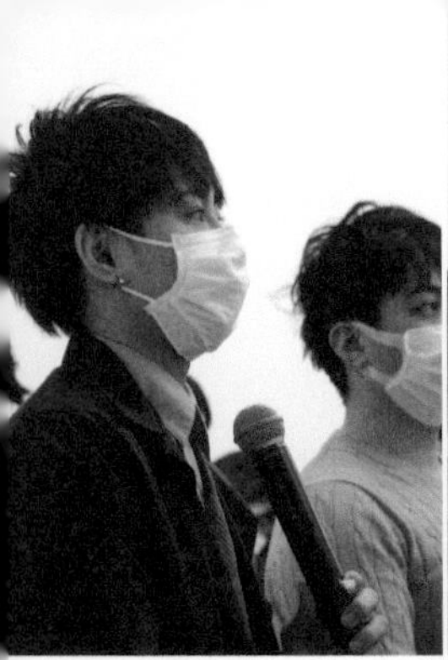

山道　4名の方おめでとうございます。次は審査員の個人賞です。まずは私から、山道賞には廣瀬さんを選びます。駅前空間と周辺との関連付けはまだまだ突き詰められるはずですが、車に支配されない駅前のあり方というのは、これからも多く取り上げられるだろうテーマだと思いました。

中川　中川賞は田伏さんにします。理由は、つくっている模型のスケールと自身のやりたいことが合っていると思ったからです。先ほど、50分の1の模型が多いと言いましたが、田伏さんの場合はそのスケールでしか表現できない設計をしていました。世田谷線の走行速度を生かして、駅をまちの中に広げていこうとしている。できあがった建築は、ささやかで主張の強いものではないけれど、逆に言えば等身大で、実感に基づく提案になっていると感じました。

高橋　僕は、関根くんに髙橋賞を差し上げたいと思います。神社である実家を自分の力で建て替えるというプロジェクトを、卒業設計で選んだことが良い。大学院に進んだら卒業設計とは別のことを考え始めることが多いですが、彼の場合は継続して取り組むことができる。ぜひ頑張ってもらいたいです。

谷尻　僕は最初に3点を入れた葛城さんを選びます。理由はすでに話したとおりです。建築家として引き続き取り組んでほしいなと思います。

手塚　手塚賞は髙木さんです。構造を井桁上に組み、中でもない外でもないポーラスな空間ができている。大人しいけど良い建築だと思いました。

内藤「そこに愛はあるんか」という台詞のコマーシャルがあるでしょう。あれを気に入っているんですよね。建築家に今1番必要なものは愛だと思っています。上位になった人たちの提案には皆さん愛がありました。その他にも愛のある建築を提案されたのが田中さんでしたので、田中さんを内藤賞に選びます。田中さんは、スケール感が良く、それが模型に表れていました。完成度も高かったです。

この時代に卒業設計へ取り組んだことは大きな財産――内藤

変革期の中取り組んだ卒業設計

司会　これですべての賞が決まりました。審査員の先生方、ありがとうございます。最後に総評をおひとりずついただきたいと思います。内藤先生からお願いします。

内藤　まずは、このような状況下で、学生の皆さんが開催を決断したということに拍手を送りたいと思います。よく頑張って、今日までこぎつけてくれました。今、本当に大変な時代が来ています。世の中が変わり始めているこの時に、卒業設計へ取り組み、何かについて一生懸命考えたことは、とても大きな財産となります。卒業設計で考えたことは今後、必ず役に立ちます。今日はさまざまな先生から講評をもらったと思いますが、それを頭の中で繰り返し浮かべて、それぞれ進んだ先で、大きく羽ばたいてもらいたいです。

手塚　ここ2〜3年で見た卒業設計の中では、作品の規模が一番小さいと感じました。ものをつくっていないというのは、なかなか深刻な問題です。提案の方向性は良

いのですが、建築をつくることを怖がっているかのようです。皆さんを普段教えている赤松佳珠子先生は超高層の渋谷ストリームを手掛けていて、雲の上の人のように思うかもしれないけど、君たちにもできるんですよ。若い今のうちは怖がらずに、建築の力を信じて、どんどんつくった方が良い。僕は生まれ変わっても建築家になりたいと思っています。99％が雑用だけど、残り1％にすばらしい喜びがある職業です。

山道 皆さんお疲れさまでした。手塚さんが言うように、僕ももっと大胆につくってほしい気持ちと、地味で弱く見えるものでも評価されるべきだという気持ちの両方があります。今は、大きなものや奇抜なものを提案すると目立つから、真面目で真っ当につくったものは地味に見えてしまうタイミングなのかもしれない。大胆さと真面目さの両方を駆使していかないと、これからは生きていけないのではと感じます。そんな時代を僕も皆さんも一緒に生きて、建築を考えていきましょう。

谷尻 今日はこの場に呼んでいただいてありがとうございます。仕事をしていると、自分の提案に対してたくさんの反対意見が出てくる状況に出くわすことがあるのですが、これは、まだ価値化されていないことが現れてくる瞬間なのだと思うようにしています。今後、価値が出てくる可能性が大いにあるということです。社会に出ると反対意見に遭遇する場が必ずあります。そのときに、自分がどうやって向き合っていくか、どうしたら賛同を得られるかということを、考え続けてほしいです。

今日の言葉は、いつか設計に生かせる場面がやってくる——中川

髙橋 最初に言った「木造が多い」ということは、面白い兆しのような気がしています。人間の行為が建築とダイレクトに結びつき、建設行為が始まる。この建設というのは、太古の時代に原始的に何かが起こることと重なる部分があると感じます。そんな木造に取り組む意欲は評価したいですし、僕も触発されました。ただ、全体を通して浅い話が多いことはやや不安です。今日の議論ももっと深めることができたのではないでしょうか。多様性の時代と言えど、論理の完成度という尺度があると思います。ものの道理が提案にしっかりと表れている必要があるのに、なぜそれをやるのかが腑に落ちない提案が多かった。道理があれば、誰にでも、実家のおばあちゃんに説明しても伝わるはず。そのような提案でないと恥ずかしいと思った方が良い。頭を整理しながら設計できるようになってほしいと思いました。

中川 今日は審査員として皆さんの提案を見せてもらいましたが、私自身の卒業設計はどうだったかと振り返ると、中の下というか、審査員の一票が入る入らないで一喜一憂していました。今日も、審査員である私たちはそれぞれ違うことを言っていたと思います。今は理解できないことがあったかもしれませんが、しばらく心に留めておくと、いつか分かるようになることもある。私も、学生の頃言われたことを思い出して、設計に生かせた場面がたくさんあります。こうしたことも建築の面白さだと思いますので、今日のいろいろな言葉が、皆さんの心に少しでも残るといいなと思っています。

出展作品
Exhibited Works

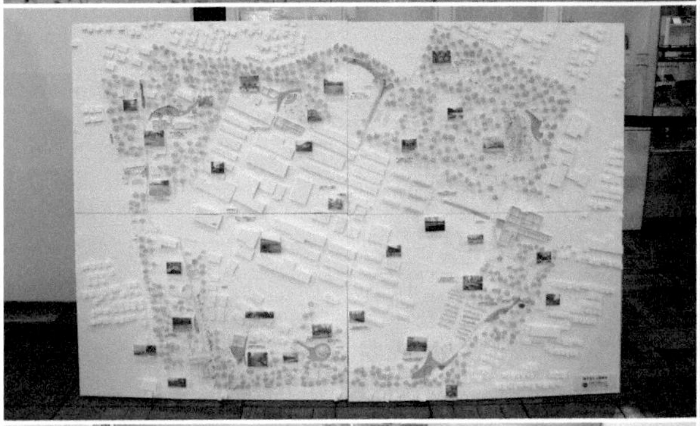

まちを継ぐ
―郊外住宅を境界から再考する―

石井 冴 いしい さえ
渡邉研究室

「ファミリー愛（卒制の裏テーマ）」
「君がいるだけで（卒制ソング）」
「差し入れでもらったホットアイマスク（卒制期間の癒し）」

プログラム：仮暮らしのシェアハウス
計画敷地：千葉県八千代市高津

設計趣旨 対象地は約50年前、元来松林や畑であった土地につくられた住宅団地と戸建て住宅地（以下団地／戸建て）。現在は高齢化が著しく、それに伴い既存住宅の更新方法が問われている。また隣接している団地／戸建て間は高齢化と並行する少子化の影響により心理的境界性が強くなっている。そこでまちの住宅更新の循環を促すこと、そして団地／戸建ての住民の関係性を

敷地｜千葉県八千代市高津

高齢化により少数世帯化や
地域コミュニティの希薄化が著しい住宅地

提案｜まちを継ぐ

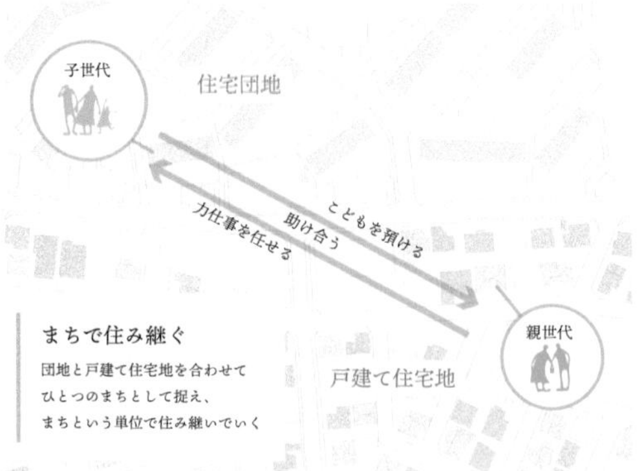

まちで住み継ぐ
団地と戸建て住宅地を合わせて
ひとつのまちとして捉え、
まちという単位で住み継いでいく

関係性を継ぐ
希薄になっている団地と戸建ての関係性を
継ぎ合わせ、地域のコミュニティを再編する

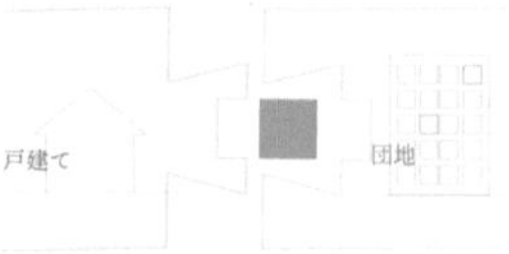

仮暮らしのシェアハウスが
二つの住宅地における
コミュニティコアとなり
関係性を継ぎ合わせる

調査｜境界のあり方

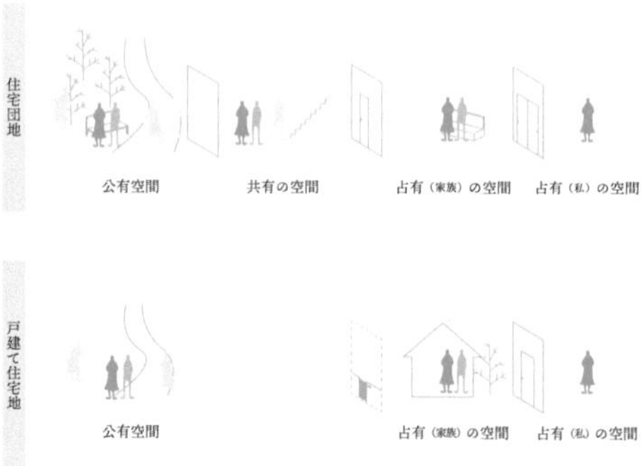

設計手法

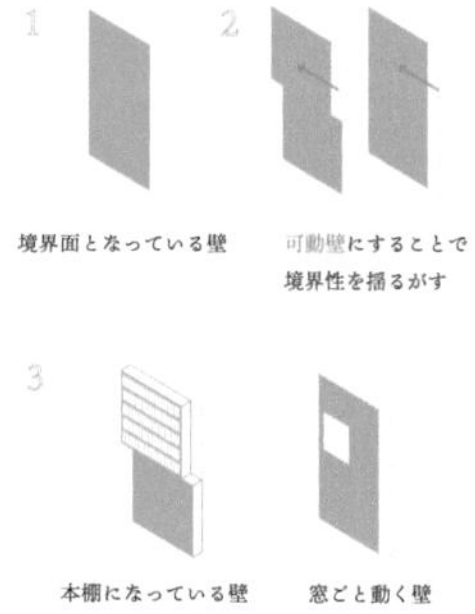

二つの住宅地を様々な方法で比較してみると所有者が変わる境界（所有の境界）のあり方に違いがある。
これがそれぞれの暮らし方の違いを生んでいるのではないだろうか。
そこで主に境界面となっている壁を可動性のある壁にすることで境界性を揺るがし、他者やまちとの新たな関係性を構築する手法を用いた。

住み継ぐための仮暮らしのしくみ

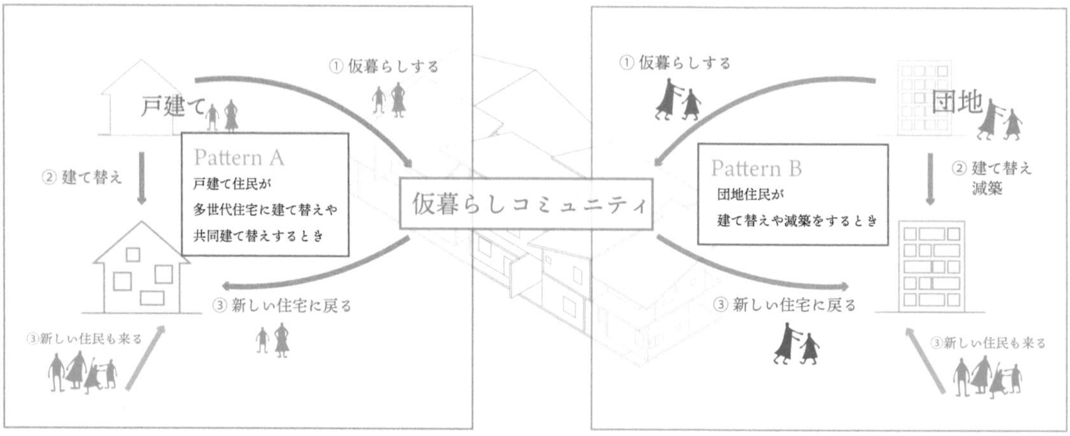

㋠修繕することを目的とし、可動壁を持つ仮暮らしのシェアハウスを設計した。各部屋は、団地／戸建ての住民たちが自宅の修繕工事を行う期間中一時的に暮らす（仮暮らしする）ための空間である。部屋の内外では共有空間に加え、可動壁によって生まれた空間を通して新たな所有と暮らしの関係を体感しながら生活していく。やがてこのシェアハウスはこのまちの誰もが一度は暮らしたことのある家となり、住民の家としてだけでなく、まちの家となっていく。

審査員コメント 一つひとつのアイデアは面白いです。しかし、まだまだ手を加える余地があり、完成度としては物足りなさも感じます。関係の一切なかった団地と戸建ての住民たちでペアをつくっていくということですが、必ずしもシェアハウスでなくて良いと思いますし、ペアになった結果として通常の団地の部屋とはどのように変わっていくのかという点も知りたい。敷地選びも良かったのですが、できた建築は敷地の規模に対して少し弱いかもしれません。このような建築がいくつかあって、それぞれが独自の関係を持っていたら、より高く評価できました。（中川エリカ）

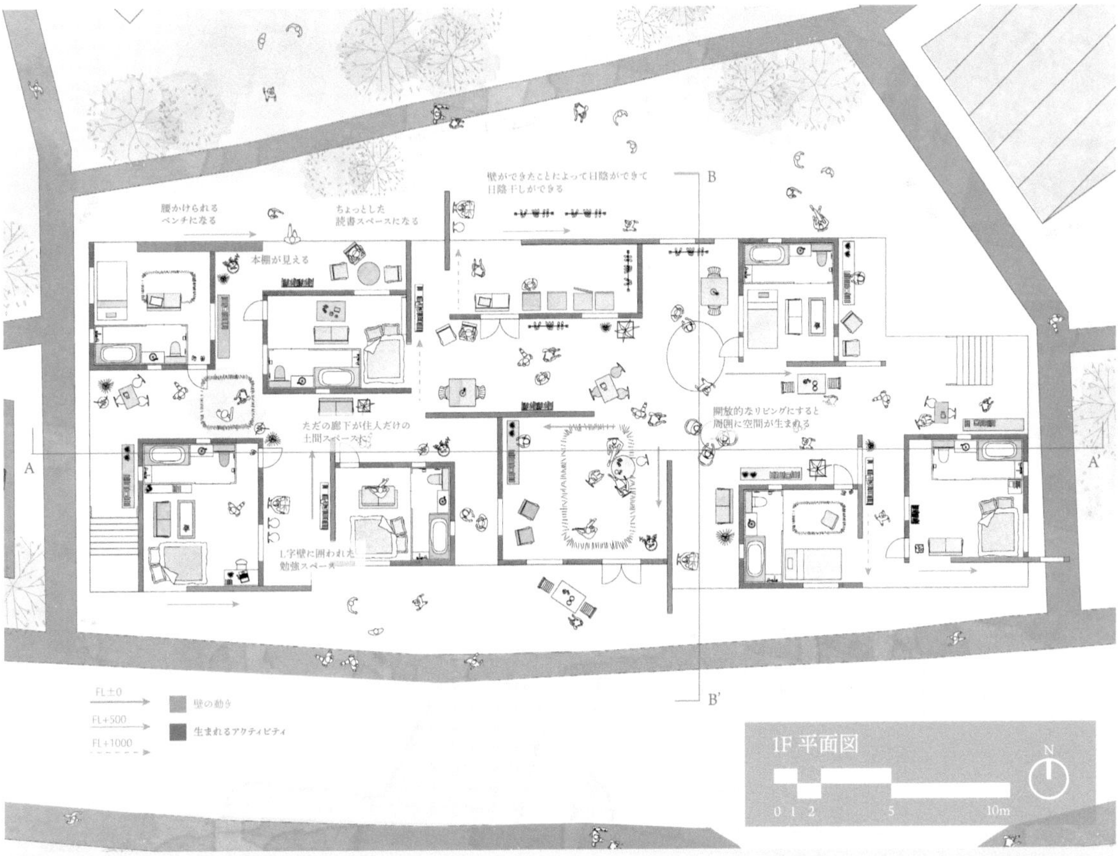

仮暮らしは失われたコミュニティを再編し、まちを継ぎ合わせる
そして住宅更新のための余白となり住人がまちで住み継いでいくきっかけとなるだろう

優秀賞

「赫」
文化的民家群風景の再編

瀬谷 祐人 せや ゆうと
北山研究室

「全集中(卒制の裏テーマ)」
「Byte／Martin Garrix & Brooks(卒制ソング)」
「提出3日前、全図面のテスクチャー消えて1から(卒制中の事件)」

プログラム： 小規模公共施設1＋住宅3
計画敷地： 滋賀県米原市米原

設計趣旨 湖北地方には地域の手による建築文化である「余剰」が乗せられることで、独自の型へと進化した民家が群をなし、自ら手を入れ続けるベンガラを通じて住民は文化と共に生きてきた。米原市米原もどこ とも変わらない風景に変わりつつあるまち。住民に焦点を当てつつも、ビワイチのサイクリストが文化に触れられる場所とする。建築家が長期滞在し、1つの地域施設 ↗

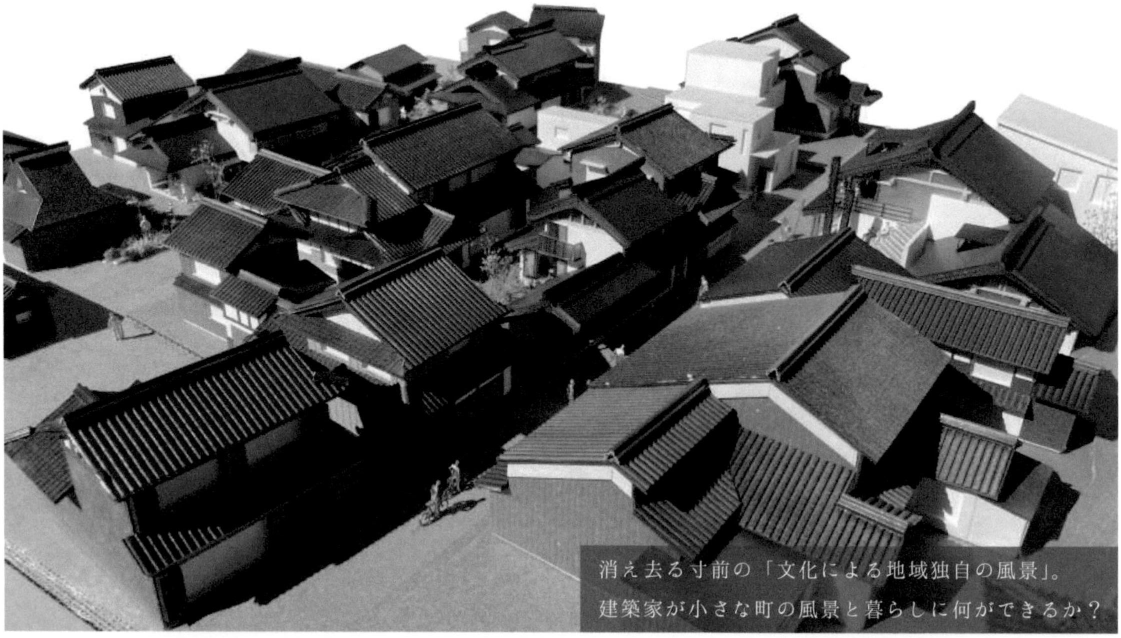

SITE1 まいばらのリビング＋工房＋建築事務所＋ベンガラ広場

SITE2 住宅＋地域住民の学習の場

SITE3 住宅＋ゲストハウス

SITE4 住宅＋共有納屋

㋐と3つの住宅を住まい手と共につくっていく。それは住民とサイクリストのための機能を内包する。駆体には工房で住まい手が作る「部分」の乗る余地を残しておく。「部分」に住民が手を入れ、広場で「赤」を塗り合う新たな風習が人同士の関係を繋ぎ、文化再生の風景と生活をもたらす。4つの建築が建つと、内包された機能を通じて住民と来訪者のための動線ができる。新しい米原に惹かれた移住者も加わって、まちづくりは続き、「文化的」な住宅が広がっていく。

審査員コメント RC壁は風景を構成することには寄与しているかもしれませんが、はたしてそれ以上のものになっているのか。RC一辺倒ではなく、もっと多様なアイデアから多様な効果を生み出せたら良かったと思います。また、セルフメンテナンスの文化があるのなら、それをサポートするような機能を内部に挿入すると、より一層この場所らしい建築にできたかもしれません。外観が保守的すぎるという見方もありますが、内側の変化が外観の変化にもつながっているという提案にできれば、そうした意見に対する解答にもなり得るでしょう。（中川エリカ）

SITE1

抽象化されたRC壁は「余剰」や建築内での人々の活動を見せるための下地なる。

建築事務所と一体になった工房では建築家と共に住民がまちづくりに関わっていく。

SITE2

日本建築の「闇」を低い軒、地下等を使って昇華させる。天窓の光が居間へと導く。

地域の学習の場は居住部と視線の交錯なく庭を切り取り、街道の人々をひきこむ。

SITE3

ゲストハウス内部。宿泊を通じて地域と関わることで生活・文化をより深く知れる。

宿泊者は朝、オーナーと共に裏の畑で取れた作物を直接キッチンに運び、朝食を食べる。

SITE4

キッチンから連続した土間先で作業休息。米原での暮らしを引き立てる。

個室の建具を開ければダイニングキッチンと繋がり、様子が伺える。

儚きものからの再編

二畳半の空間のあり方

長岡 杏佳 ながおか きょうか
赤松研究室

「シェアハウスを楽しむ(卒制の裏テーマ)」
「君がいるだけで(卒制ソング)」
「床に穴開いた、寝不足で椅子から落ちた(卒制中の事件)」

プログラム：集合住宅・共有コア
計画敷地：月島

設計趣旨 月島特有の木造密集地は、再開発によって高層マンションに建て替わっているのが現状である。月島特有の木造密集地を残していく必要があるのではないだろうか。
残されている木造密集地の現状を調査すると、空き家、老朽化、火災の危険性などの問題以外に住宅の建て変わりに伴い、路地に対して閉じていることが読み取れた。

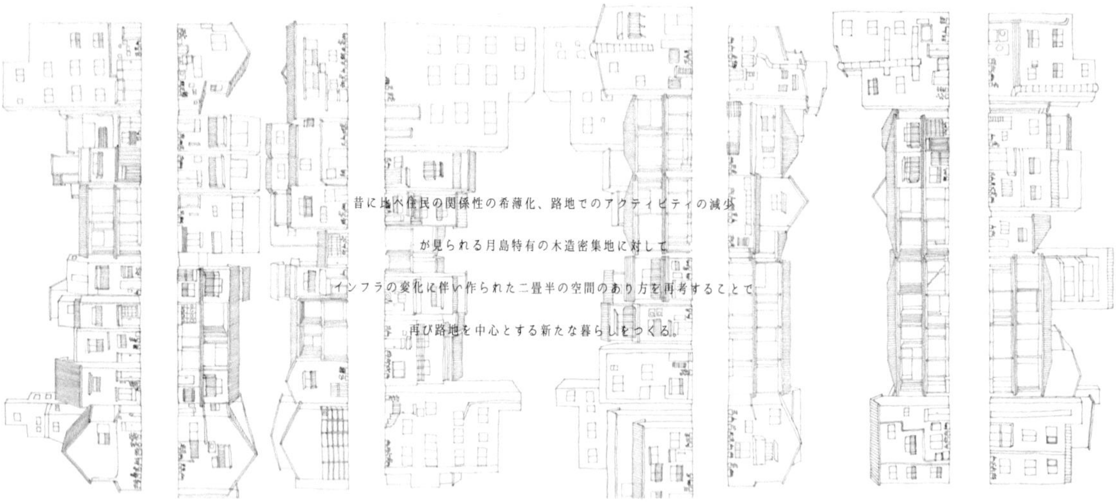

site1 お店を開くことで路地に開かれている様子

site2 暮らす人ではない人もランドリーを利用しに来ている様子

site4-1 site4-3 そして路地へと視線が抜けていく様子

site3 開き戸を開くことで分かれていた建物が一体になる様子

site4-3/site5 路地を挟む飲食店により路地にもテーブルが置かれている様子

site4-1 美容院、ライブラリーと人々の集まる様子

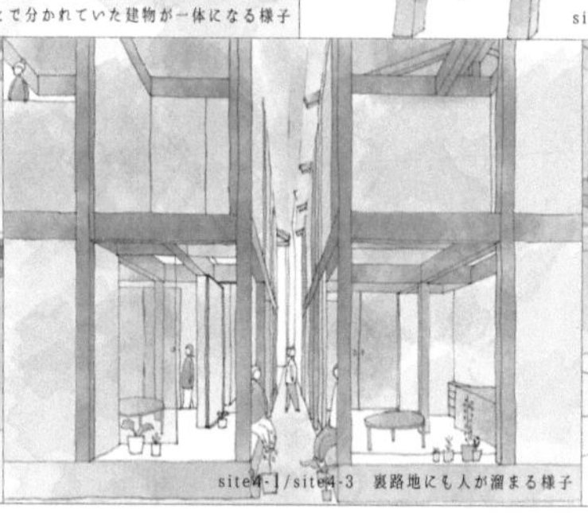
site4-1/site4-3 裏路地にも人が溜まる様子

site4-3/site5 銭湯の前の路地を挟んだ向き合う空間に人が集まる様子

それにより、昔に比べ路地でのアクティビティの減少、住民同士の関係性の希薄化が見られた。
そこで、昔のまま残る数少ない長屋を躯体だけ残し改修、そしてインフラの変化によりつくられた二畳半の和室のあり方を再考することで、新しい暮らしをつくり出す。このように儚きものを再編していくことで、再び路地を取り巻く新しい暮らしがつくられていき、路地は暮らす人にとって生活の一部となり、残り続けていくのではないだろうか。

審査員コメント 小さい間口の連続がこのまちの通りの風景を形成していたのだと思いますが、改修によって間口を大きくして、まちをずいぶん統一してしまったように見えます。二畳半という建築と家具の中間をとるようなスケールのアッセンブルでまちをつくっていくビジョンが、建物のスケールに吸収されてしまっている。小さな空間を、もっと意図的に点在させても良かったかもしれません。しかし全体としては共感できますし、完成度の高い提案だと思います。（中川エリカ）

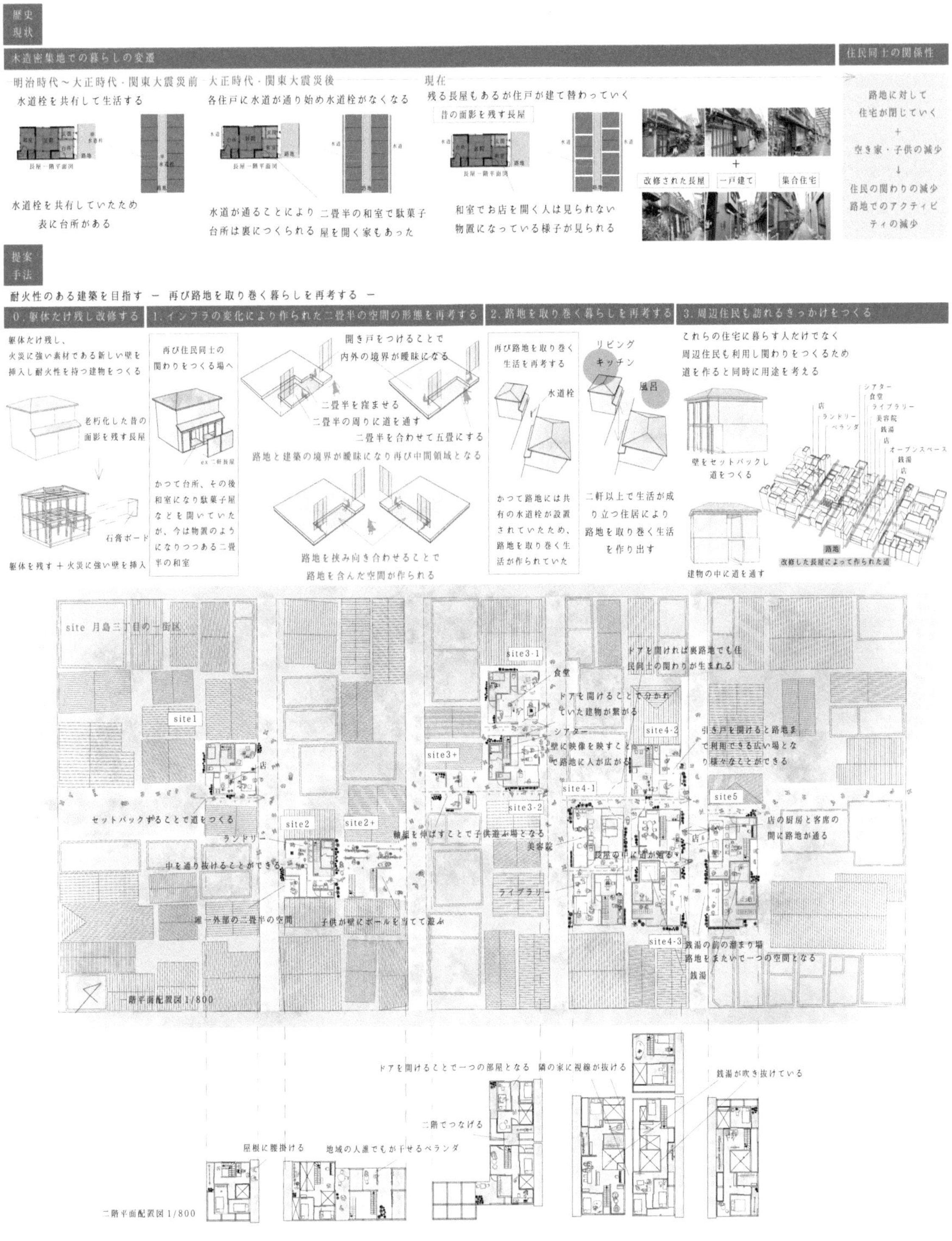

優秀賞

Urban Village Building "S"

働き開きによる新しい共同体の構想

宮澤 哲平 みやざわ てっぺい

北山研究室

「生きてりゃ丸儲け（卒制の裏テーマ）」
「オードリーのオールナイトニッポン（卒制ソング）」
「家族総出での模型製作（感謝したいこと）」

プログラム：アーバンビレッジ
計画敷地：神田鍛冶町1丁目中高層ビル群

設計趣旨 人生の大半を使う、働くとは何だろうか。この提案は働き閉じを引き起こすオフィスビルの形態をアーバンビレッジ化することで、働き開き多様な働き方や関係性を引き出す建築群をつくるものだ。
働く概念を開く、働き方を開く、働く関係性を開くという3つの働き開きを実行する。〇建築的操作…街区1区画のビルを連結しながら減築や開放をして床の構成や企 ↗

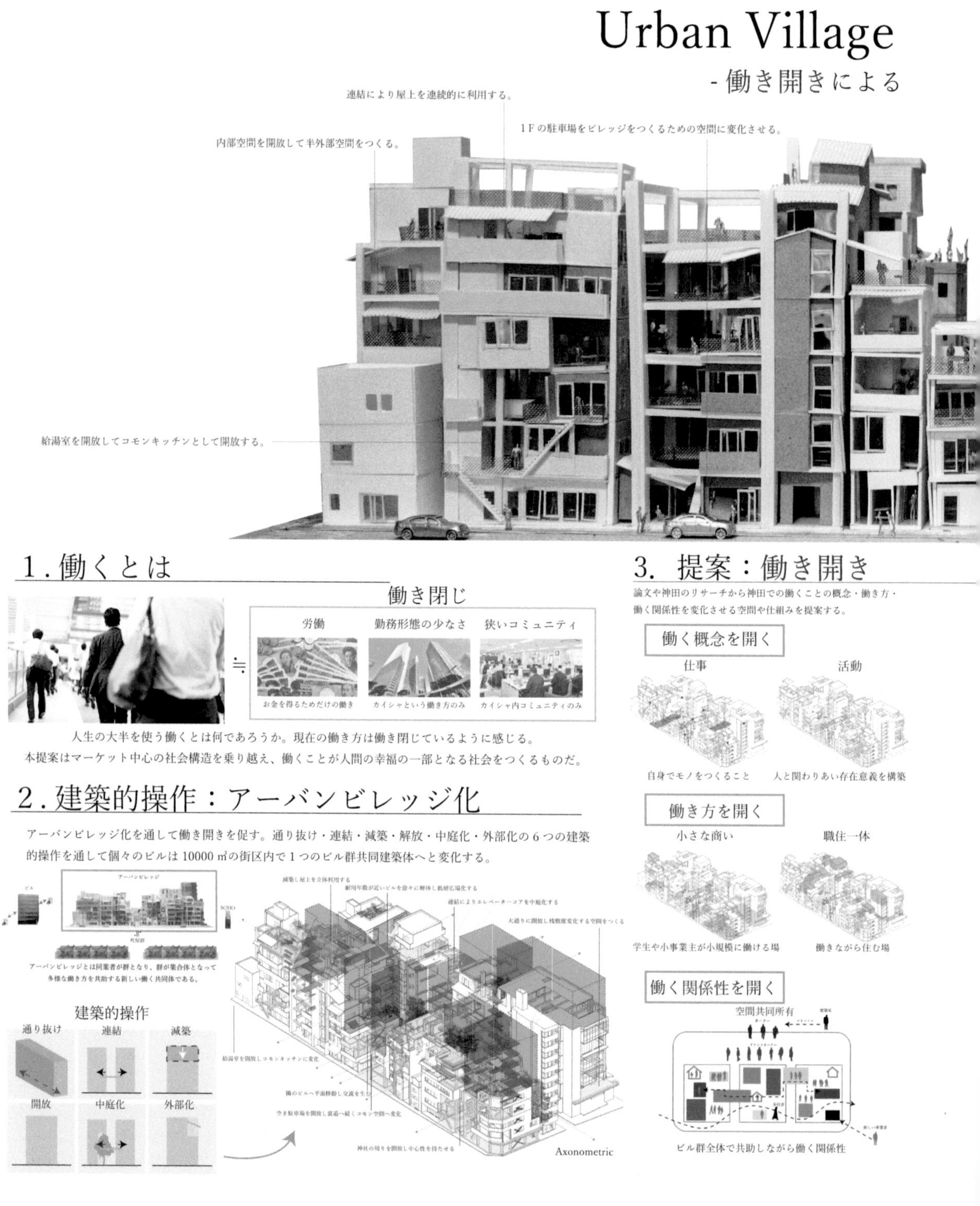

業の関係性、私的領域と公的領域を壊してゆく。○設計手法…論文や神田広域のリサーチを通して大きな計画、小さなリサーチを通してビレッジの構成員による小さなルールを決める。カイシャはより広く、顔見知りがつくりやすいスケールの働く共同体が構築されてゆく。オフィスビルでの働き方は神田という都市や神田で働く人を大切にしながら、働く働き方に変化し、オフィスビルはそれを許容する器になっていくことを構想した。

審査員コメント 減築することで新しいコミュニティを生み出すというアイデアはとても面白い。一方で、そのアイデアをもとに何をどうつくるかということも大切です。建築家はアイデアマンとしてだけではなく、その先にある建築に対して「こんなときはどうする」という解答を準備しておく必要があります。そういった視点が提案にあると、全く違う印象になったと思います。(手塚貴晴)

Building “S”

新しい共同体の構想 -

4. 大きな計画

既存の会社を改組し、同業者どうし、異業者同士のかかわり、小さな商いや住人とのかかわりがしやすい構成にする。それに対応した形態に構成員が力を出しあい Urban Village Building” S” を構成する

構成変化

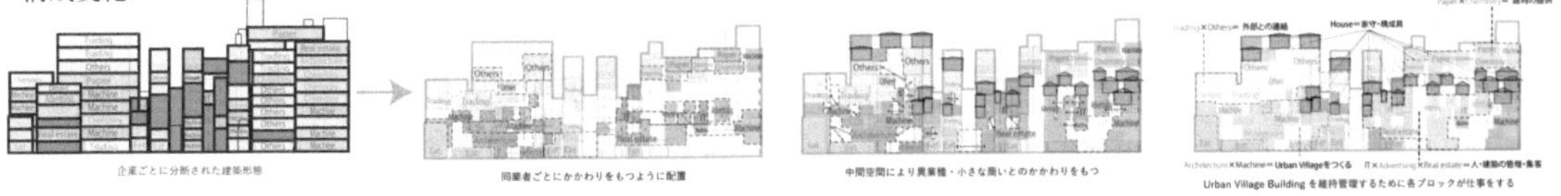

企業ごとに分断された建築形態 / 同業者ごとにかかわりをもつように配置 / 中間空間により異業種・小さな商いとのかかわりをもつ / Urban Village Building を維持管理するために各ブロックが仕事をする

大きな計画

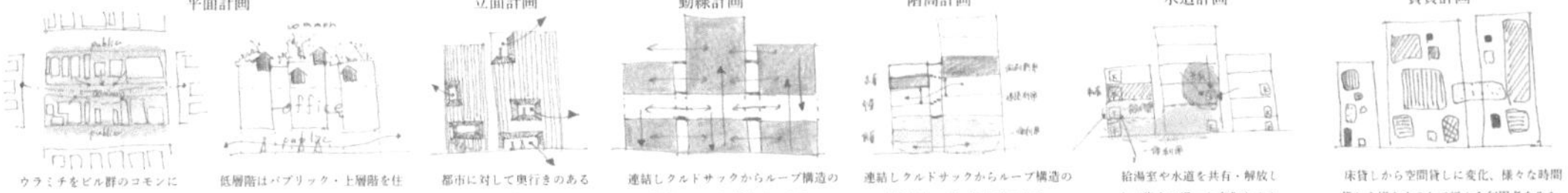

ウラミチをビル群のコモンに変化させる。 / 低層階はパブリック・上層階を住宅部に段階的にゾーニングする。 / 都市に対して奥行きのある立面を構成する。 / 連結しクルドサックからループ構造の動線にし、2ndGL をつくる。 / 連結しクルドサックからループ構造の動線にし、2ndGL をつくる。 / 給湯室や水道を共有・解放し人の集まる場へと変化させる。 / 床貸しから空間貸しに変化、様々な時間貸しを増やすことで様々な利用者を生む。

5. 小さなルール

小さなリサーチをもとにビレッジの組合員の相談を通し場当たり的に設計ルールをつくってゆく。

ジンジャコモン 神社を中心に空間構成をする。 / トオリドマビル 通り抜け通路を空間化する。 / ナカニワビル コアを中庭化する。 / ハリベンチ 床を下げ梁をベンチとして使う。 / ハシラテーブル 柱を起点にテーブルを配置する。 / ガイヘキカイガ 既存外壁をはがし隣の外壁を借景する。 / コピーイドバタ コピー場を共有にし、交流を生む。 / 給湯室コモン 給湯室を開放しコモン空間にする。 / カイダンコモン 不要な非常階段を人が集まる空間化する。

ビルサジキ / ハミダシヒロバ 周囲の働きがはみ出す広場をつくる。 / コアビル / マドあきバルコニー 既存窓を開けバルコニーとして使用する。 / ビルノリビング 異なる働く人が共有できる空間をつくる。 / ハミダシオフィス オフィスがはみ出す余剰を残す。 / ウラミチコモン 周りのビルを開放して裏道をコモン化する。 / アキチロード 空き地駐車場を裏道への通路にする。 / 連結スキップフロア 階高の違うビルを連結しスキップフロアにする。

展開

店舗併設住宅による ミセ＋ミチ の再考

田中 麗子 たなか　れいこ
岩佐研究室

「初心に戻ろう手書き風 4年間で一番丁寧な模型を(卒制の裏テーマ)」
「炎／LiSA　家族内での大ブームに巻き込まれました(卒制ソング)」
「YouTubeでゲーム実況を流し見ること(卒制期間の癒し)」

プログラム：店舗付き住宅の設計
計画敷地：横浜市南区 三吉橋通り商店街

設計趣旨　外部空間が変われば道も変わる。
こんな当たり前のことを、2020年人々は強く実感した。外部空間に左右されやすい道の利活用を考えることができるのは、道を利用する人々なのだ。そこで私は、「道では、少しの外部環境・人々の些細な行動によって多様な活動が展開されうる」ことを提案したい。そのために私は、素通りされる存在となりうる商店街に道と店

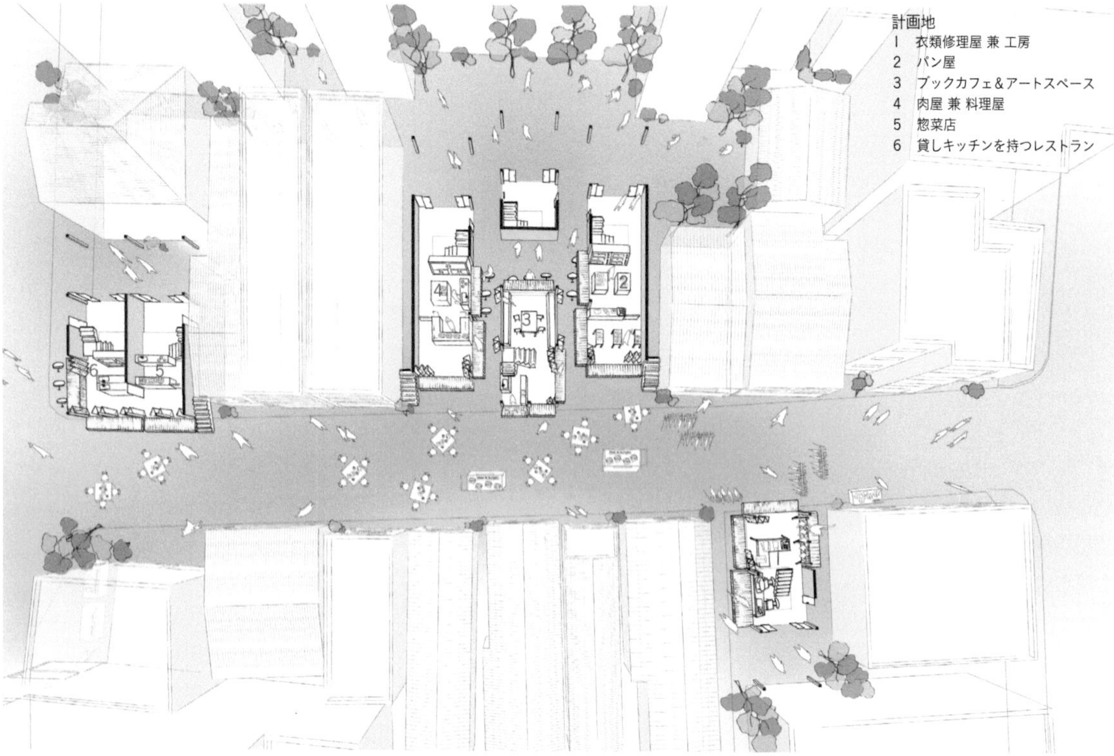

演芸場の幕間に立ち寄るスペース

店舗間のコラボ商品の販売

三吉橋通り商店街

➚ を再構成する店舗併設住宅を計画する。空き店舗の増加や移動交通の高速化という課題を持ち、地域で素通りされる存在となりうる商店街。そんな単純な一本道となっている商店街で、通行者を引き込み、隣り合う店間の連携を促す魅力的な店舗併設住宅を計画することで、人々の多様な活動が生まれ、大きな広場空間を生み出すことを期待する。そして、“道はただの経路ではない”という道の概念を、道を利用する全ての人々に再考して欲しい。

審査員コメント 計画内容やコミュニティのシステムは興味深いです。しかし、長屋や町屋など懐かしい昭和の残像を維持してきた商店街に対して、提案した建築の形が単純な枠組みになってしまった点が少し残念。まちの建物の変遷について理解を深め、特徴的なエッセンスに対する自分の意見を強く語ることのできる形を設計するべきだと思います。加えて、今回の設計がまちの将来像にどのように反映され、影響を受けていくかという、時間軸の設計もされているとリアリティや積極性が増すでしょう。（山道拓人）

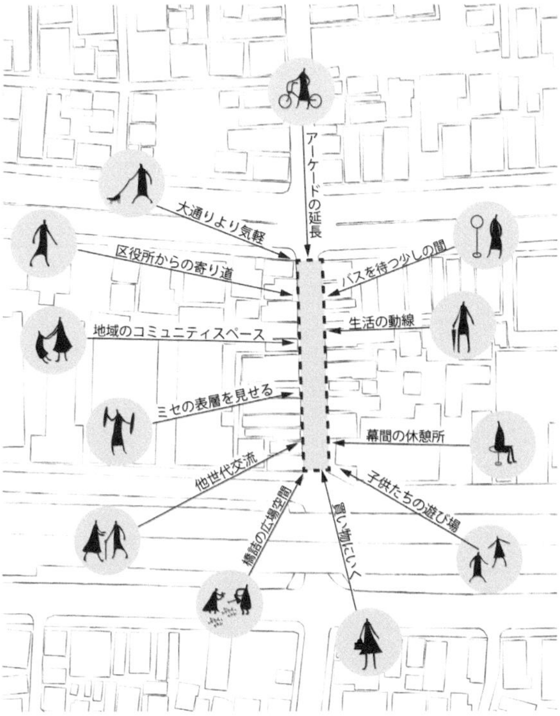

道 60m を一つの広場空間と捉えることで、道に多様な活動が可能になる

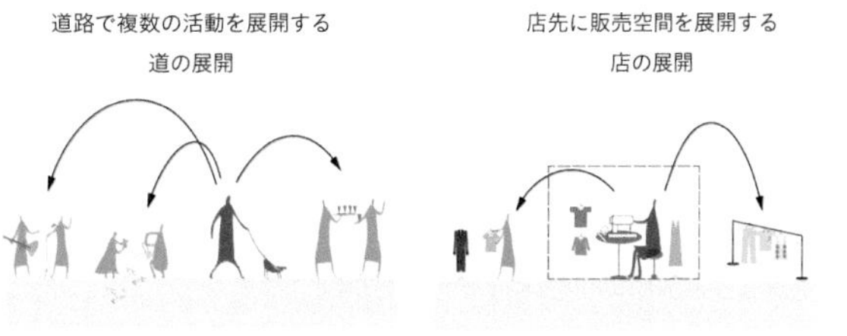

広場で行われる２つの展開

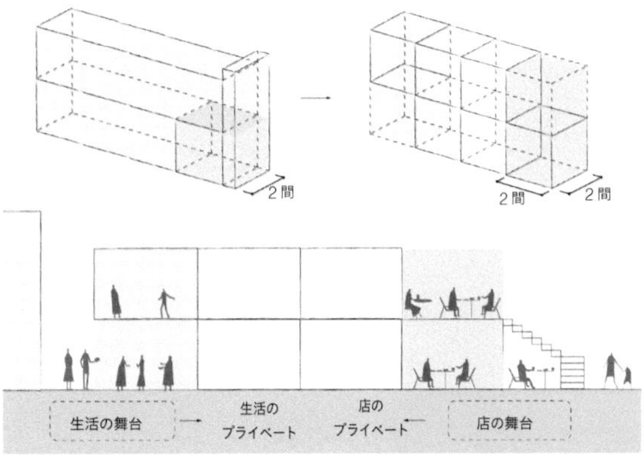

線形状の看板建築の形を継承しながら、内部の再構成を行う

２間の住戸が並ぶことで通行人を引き込む魅力的な隙間が生まれる

住戸を巻き込んだ広場空間により住民だけのプライベートな空間も存在する

"とっておき"の宿るみち

公開性をもつ住宅がつくる商店街の形

髙木 夏奈子 たかぎ かなこ
渡邉研究室

「地元をもっと好きになる（卒制の裏テーマ）」
「アイノカタチ（卒制ソング）」
「初めて実家以外で1ヶ月過ごした（卒制中の事件）」

プログラム：住宅
計画敷地：東京都板橋区 板橋本町商店街

設計趣旨 住人の多様な個性がまち並みに反映され、小さなふれあいが生まれるような住宅こそが、都市において暮らしやすいのではないか。それには住宅が公開性をもち、外部との境界を曖昧にする必要があると考えた。
敷地である板橋本町商店街では、小売店の減少によりみちへの溢れ出しなどのアクティビティが見えなくなっ

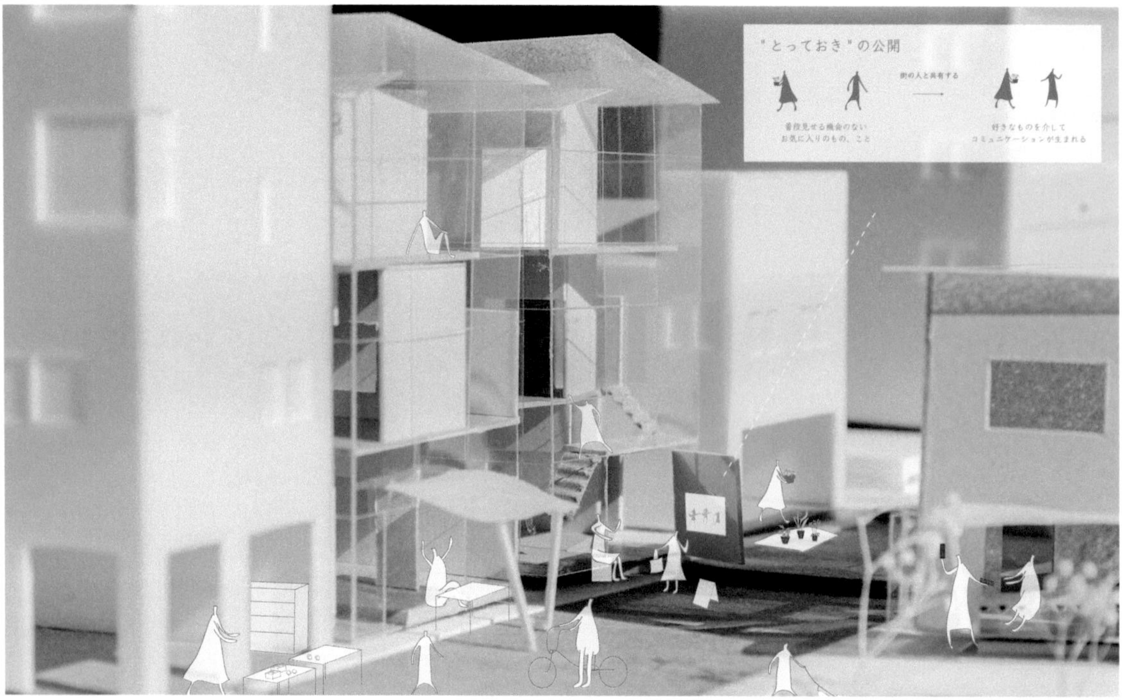

01 - Site -

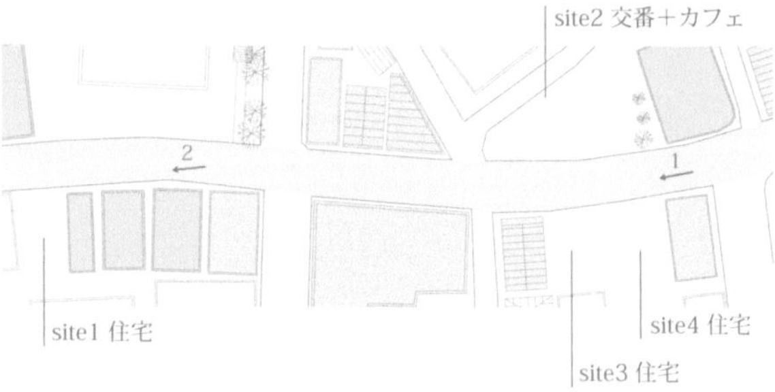

02 - Diagram -

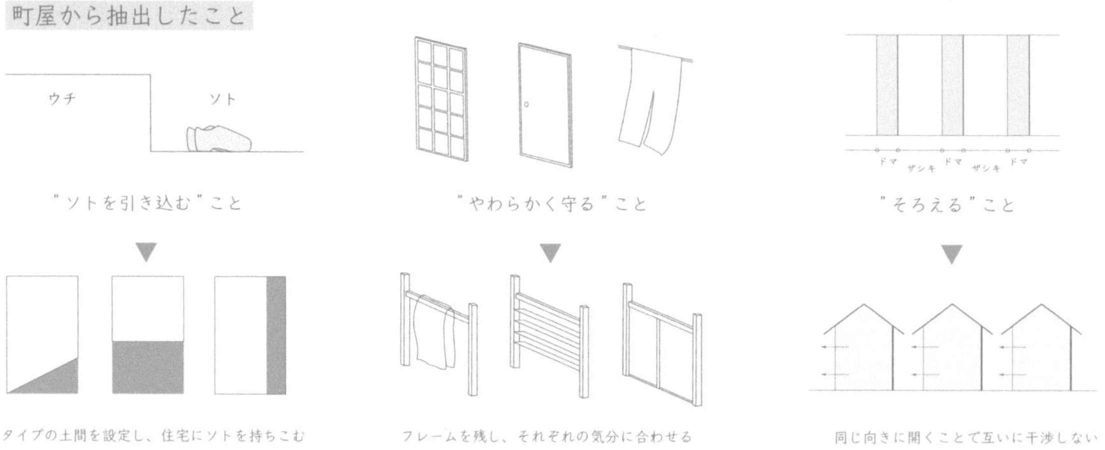

ている。また、住宅が街路を生活空間として利用できていない現状がある。
そこで、本計画では閑散としつつある商店街沿いでの暮らし方を提案する。住人の個性である好きなものや得意なことを、地域の人と共有し、街路に広がっていくような住宅を設計する。
商業だけでなく、住人の個性や気配を道に広げていくことで活気あるまち並みを守っていけるのではないだろうか。

審査員コメント ファサードの曖昧さにより、建築が人と外部空間の中間領域となって、自由な人の出入りがある点に好感が持てます。この設計では構造が重要なポイントとなりそうですが、髙木さんの提案では、壁の自由度が高いものの、床の自由度は少ない。梁を利用して床をかけるなど、もっといろいろなことができそうです。ファサードが持っているような魅力を、内部空間にも出すことができたら良いと思います。（手塚貴晴）

03 - Plan -

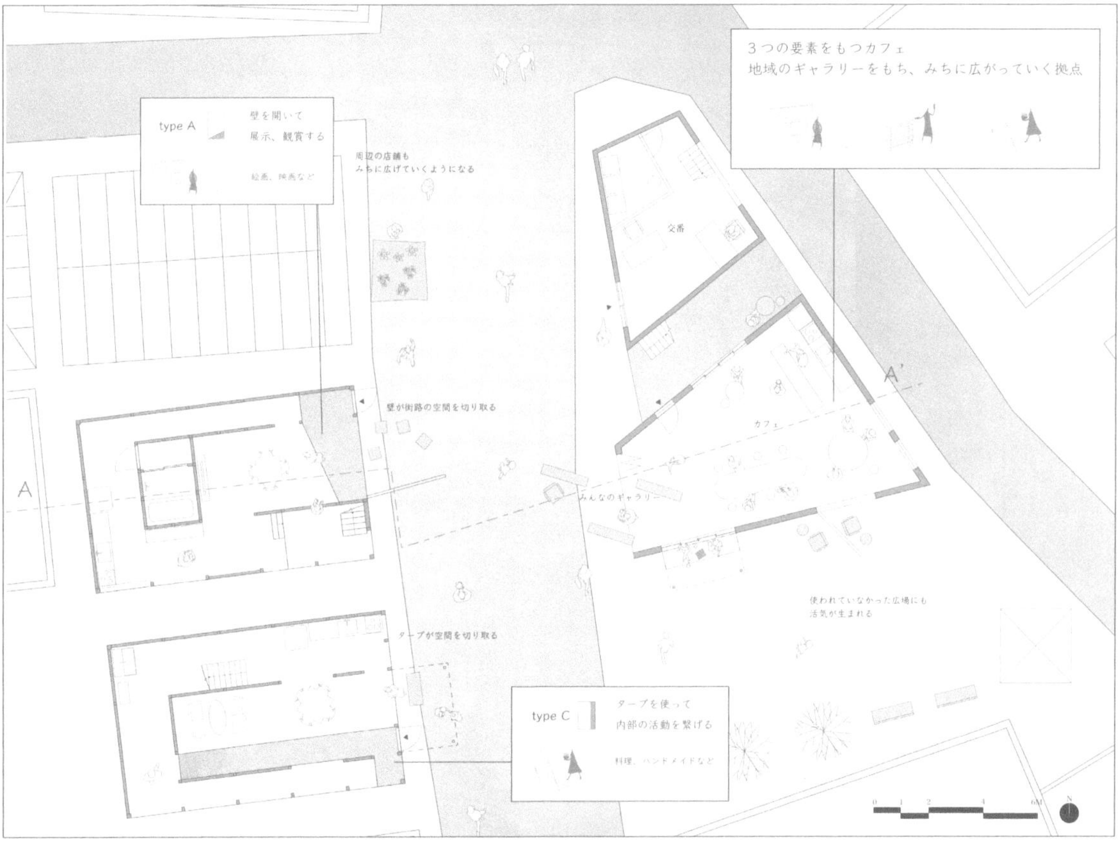

site2-4 1F 平面図

04 - Model -

正面から

開いている面

街路空間を切り取る

緩やかに仕切られている

キノウの遺産

葛城 まおり かつらぎ まおり
赤松研究室

「遊ばない・寝ない・自炊しない（卒制の裏テーマ）」
「青春と一瞬（卒制ソング）」
「提出日に家に模型わすれた（卒制事件簿）」

プログラム：高速道路高架開発
計画敷地：首都高速都心環状線

設計趣旨 1964年、かつて機能主義を掲げた日本は、東京オリンピックに間に合うように、河川の上や道路の上に早急に高速を巡らせた。この光景は今や、都心の中で当たり前に存在するものとして受け入れられている。しかしそこには、人間主体の世界であることは感じられない。我々は利便性を追求したあまり、車社会の中で都市を築きすぎたのではないか。自動運転や、電

↗

01. 問題提起

問題 1

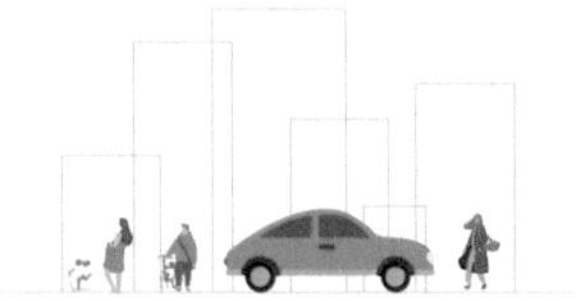

人間が集中してできた場所である都心部
様々な人間が行き交う中で
歩行者は一番弱い交通となっている

問題 2

街に車通りの多い道ができると
様々な負の要素を引き連れる

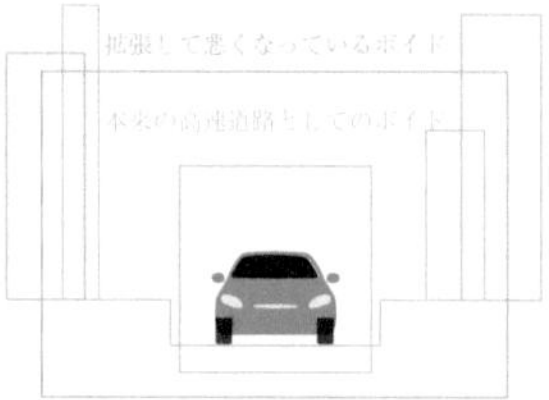

高速道路という負の要素から周辺を含めた
大きなボイドの価値が落胆してしまっている

02. 提案

提案 1

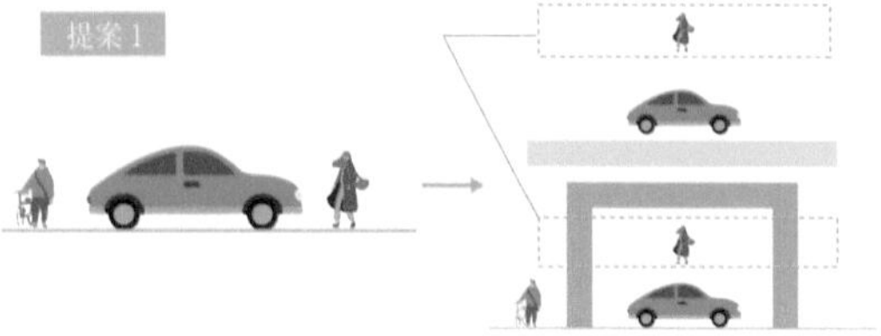

交通と分離された高架の上下に空間を設けたら
都市の中で人間が主体になれる場所なのではないか

提案 2

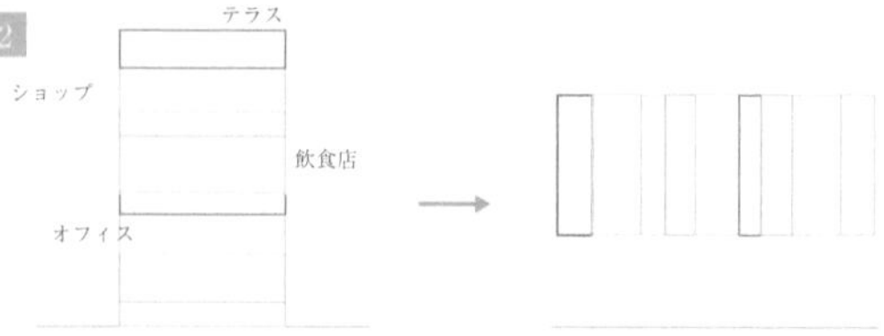

立体的に機能が連なった従来のビル平面的に機能を連ねていくことで
高速道路に高速道路以外の機能を持たせて横型建築化する

03. 対象敷地

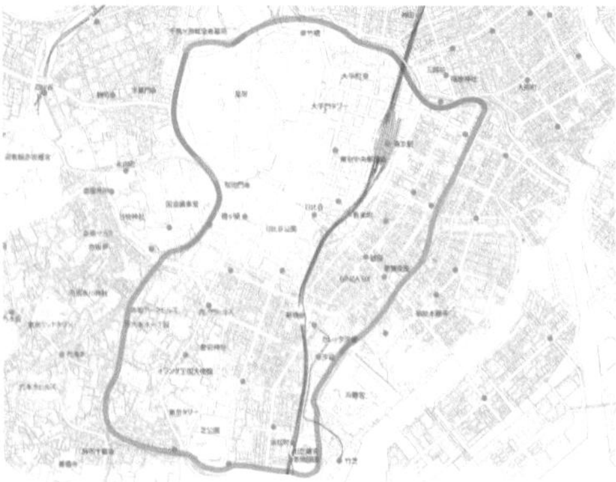

対象敷地は首都高速都心環状線（通称 C1）。東京都の最都心部を一周する全長 14.8km の環状線である現在日本橋付近では、日本橋に空をとり戻す計画として高架を取り壊し、地下化し景観を改善するというプロジェクトが行われている。それに伴い、東京高速道路（通称 KK 線）も廃止され、使われなくなった高架を歩行空間として緑化される。しかしこの計画は、日本橋の上空の景観を良くすることだけが目的であり、達成には莫大な予算がかかること、また 2020 年の着工から完成までに 10 年以上の期間を必要とする。近年車社会の景観の改善を求め C1 では地下化の動きが広まっている。

（画像：中央区より）

04. 手段

step 1

高速道路に見られる高架のパターンを抜き出し人間のための空間の作り方を考える

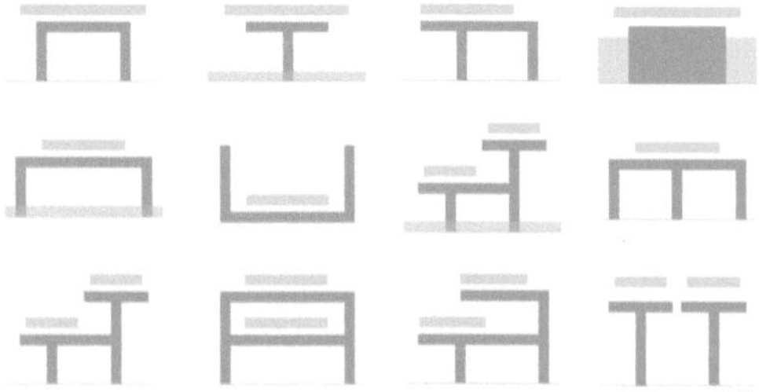

step2

高速道路に付随するにふさわしい機能やその場所に足りない機能を補填していく

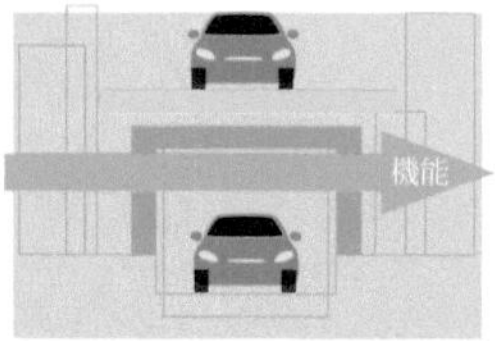

step3

高速道路という無感情なボイドに人間の流れが生まれ、都市に柔らかく融解して馴染み都市の風景となる

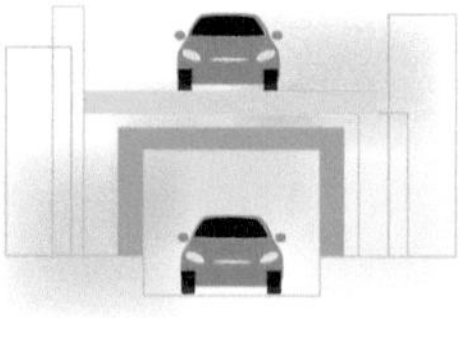

㋐気自動車など車のあり方が変わりつつある今、高速道路のあり方を再考する。騒音、排気ガス、暴力的な景観…様々な問題を引き起こす高速道路を捉え直し、人間の場所を挿入する。高速道路という都市の中で、人間の空間から見放されてしまった負のボイドはまちに融解し、機能主義を掲げたかつての日本の大切な遺産として、明日に生きる人間たちに還元する。

審査員コメント 敷地の選定が良いですね。分断されている交通と建築が協働して、両方の役割をきちんと果たしています。ある程度リアリティも持っていて、このままの形でないにしても、モビリティが進化し、道路と生活が近くなっていく将来では実現しそうです。また、学生の提案を見ていると、建築をつくっていてもそこに意思が感じられないことが多々あるのですが、葛城さんの建築にはしっかりと意思が感じられます。(谷尻 誠)

05. 設計敷地

1. 神田 × 水辺空間

東京都千代田区
神田錦町三丁目付近

都内屈指のオフィス街、神田において高層ビル街の中を廻るように存在する川と高速道路。川の存在はこの都市空間において尊重されるどころか自然のボイドであることすら感じさせないほど、上空に浮かぶ高速道路の存在感に圧倒されている。

diagram

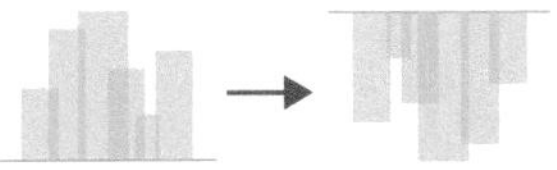

都市で見られるビルの形状をひっくり返すと自由に行ける場所が逆転する。フロアのレベル差によって立ち入れない空間でも立体的に視線が絡み合う。

structure

川に沿った高架のズレを利用し梁を配置し、そこからスラブを吊って空間を作る

川にかかった高架を利用すると水上に人間の空間ができる

2. 赤坂 × ビジネス

東京都港区
赤坂アークヒルズ前

歴史と常に新しい方向性兼ねた21世紀のビジネス街として開発された赤坂に新しいビジネスの流れを提案する。実店舗を持たないネット販売専門の企業を対象とし、考える→作る→貯める→配送という一連の流れを高速道路を利用して可能にする。

concept

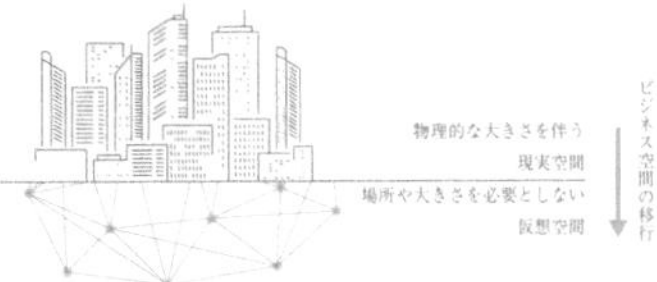

平面 plan

3. 皇居 × 歩行空間

東京都千代田区
皇居敷地内

かつて江戸城の周囲に人工的にお堀を作った。そしてその跡地が皇居として残る現在、この場所は都心の中でも緑が溢れる貴重な憩いの地となっている。この皇居の敷地の中にも、首都高が巡っている。首都高は、広大なを真っ二つに分断した。

断面図

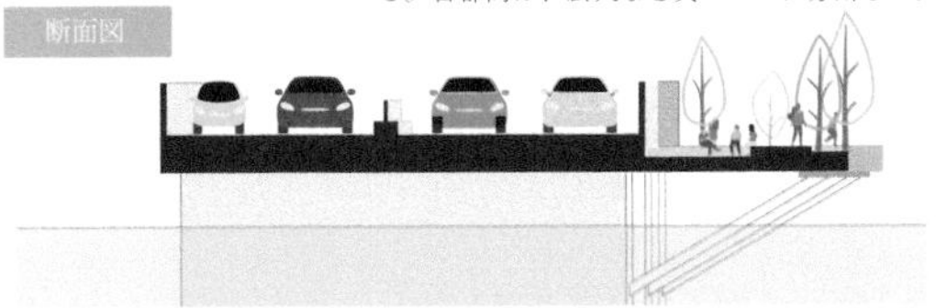

4. 浜離宮 × パーク

東京都中央区
浜離宮恩賜庭園前

東京都中央区にある都立庭園、浜離宮恩賜庭園。この近辺はオフィス街であり、昼間は賑やかさはなく、この公園のほかにも小さな公園がある落ち着いた街並みである。近辺にはホテルが多く存在し、退勤から出勤にかけて人間の流れが見られる。

diagram

平面図

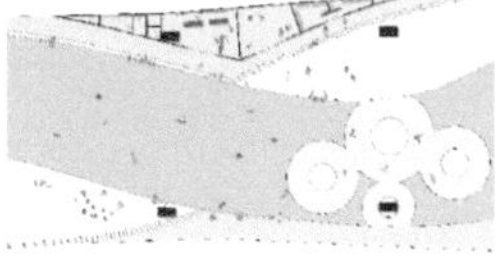

神林考

まちの背中に残る中庭

関根 康成 せきね やすなり

北山研究室

「卒制初かもしれない自宅設計（卒制の裏テーマ）」
「one last kiss／宇多田ヒカル（卒制ソング）」
「怪我をさせてまで家族に手伝ってもらったこと（感謝したいこと）」

プログラム：社務所
計画敷地：世田谷区東玉川神社境内

設計趣旨 自宅である東玉川神社を敷地として設定した。東玉川のまちは、周辺に商店街を持つような求心力のある地域に囲われている。そのため住宅街であるこのまちは外を向いている。神社はそんなまちの背中に位置しており、そこに中庭のようにまちの住人が使える空間を提案した。我々家族が日常的に行う活動と訪れた人たちの過ごし方が程よく交わるように、現在、倉庫に ➚

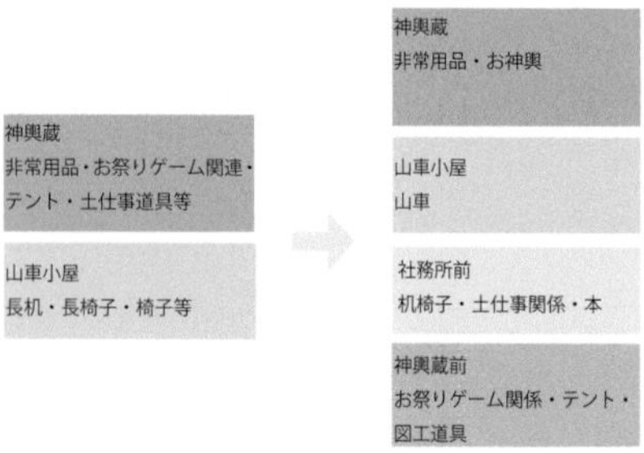

〈道具を分散させ そこに居場所をつくる〉

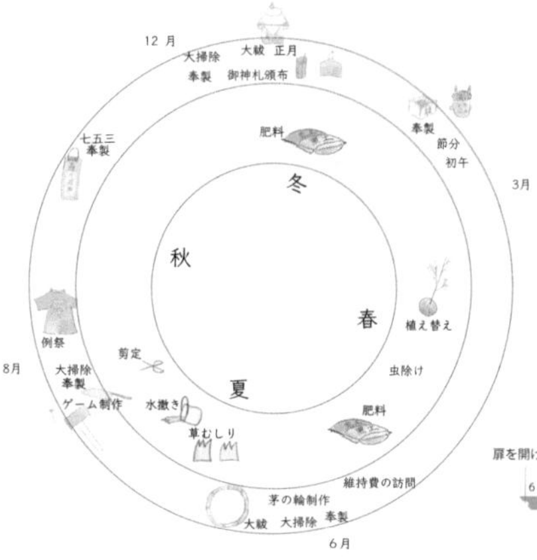

一年の流れ

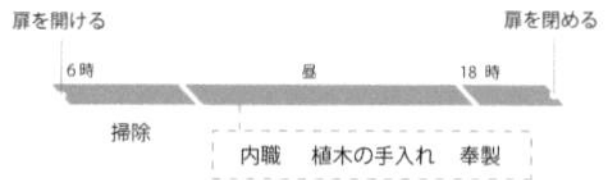

一日の流れ

〈神社の仕事 人と自然に関わること〉

➚ 収納してあったり、外に置いてある道具をしまう小屋ならびに社務所兼自宅を計画した。我々が毎日行う掃除の道具、植物の管理に使う土仕事の道具、晴れの日に用意する道具。道具がきっかけとなって人と人、人と自然が交わっていく。そこに神社の本質があるのではないか。まちの内側に少しでも興味関心を持つようになったり、商店街とは異なる賑わいが起こったりするきっかけの1つとして神社を考えた。

審査員コメント 神社には神様がいて、基本的には閉じられている。その様と向き合うのが神社という建築だと考えると、社務所兼自宅として設計したこの建築は、少し開かれすぎているように感じます。もっとミステリアスさを彷彿とさせる建築でも良かったのではないでしょうか。一方、山道から抜けるように2棟が配置されている点は鋭いと思いました。隣接する町会会館にも手を加えると、各建物の役割がまた違ったものになりそうです。せっかく実家のプロジェクトなので、引き続き取り組んでほしいです。（髙橋一平）

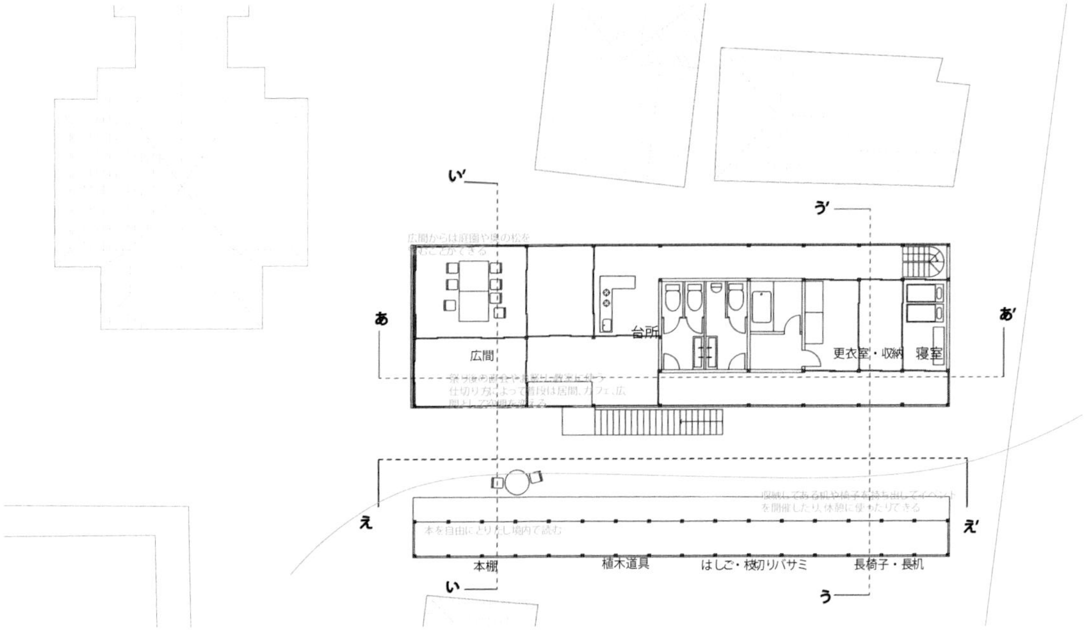

〈一階配置平面〉

社殿・社務所前

神楽殿・駐車場

正面鳥居・交番

お稲荷さん・枝垂れ桜

〈神社の日常〉

映り変わり
―世田谷線の境界―

田伏 莉子 たぶせ りこ
赤松研究室

「家族大感謝祭(卒制の裏テーマ)」
「ST/SixTONES(卒制ソング)」
「梱包家から出せない事件(卒制中の事件)」

プログラム: 都市インフラを再編する住宅の設計
計画敷地: 東急世田谷線

設計趣旨 路面電車の世田谷線は、まちと電車の距離が近くヒューマンスケールな路線である。しかし線路沿いの住宅は閉鎖的で、線路はまちの裏側と認識されている。そこで、住宅の閉じたファサードに、ささやかな操作で手を入れていき、分断されていた線路と住宅の境界に賑わいを生み出す。
世田谷線沿いには、駅、空き地、袋小路が多く点在し

宮の坂駅を選定。この駅は、公共要素をもつ区民センターが隣接し、線路と緑道が交わる。
小さくて閉じたホーム、柵で分断された家と線路、線路で分断された緑道、といった分断の要因がある。

緑道はフェンスで分断することなく線路を越えてフラットに繋がる。ささやかな操作を行ったところに地域で役立つアクティビティを取り入れ、駅に向かって閉じていた住宅が線路空間と結びつく。

ており、これらは世田谷線を構成する重要な要素である。これらの要素から１つずつピックアップし、３つの敷地を選定する。要素に適した形で手を入れていくことで、賑わいに個性が出る。
賑わいが線路沿いの他の場所に伝染し、繋がっていき、線路がまちの表側となる。そして線路沿いの賑わいが低速で進む電車から可視化され、車窓風景が豊かになっていく。ちょっとした操作で、沿線全体のあり方が変わる可能性を世田谷線は秘めている。

審査員コメント 家々と線路を分断しているという塀や柵は、ただ単に無くしてしまっていいのでしょうか。見方を変えると、境界面が存在する必然性があるはずです。境界面を全く無くすほどの大手術をしている割には、この場所が良くなっているように感じられません。塀や柵を無くす以外にも方法があると思います。例えば、塀に奥行きを持たせてテーブルやベンチとして使ったり、ある部分は高く、ある部分は低くしたりする方が、今のまち並みを肯定した提案になります。シンプルに、気持ちの良い場所になっているかが大事です。(谷尻 誠)

空き地

線路と住宅のスキマにできてしまった三角形のヘタ地。活用しにくいため放置されて蔑ろになっている。

住宅の壁を本棚にして屋外の書斎を設けした。住人と、まちの人がシェアして使える空間となる。

袋小路

行き止まりであるため、面している家は袋小路を占有できる特権があるにも関わらず、活用している様子がない。

一つ一つの住宅にささやかな操作をすることで、袋小路は近所間の共有スペースとなる。

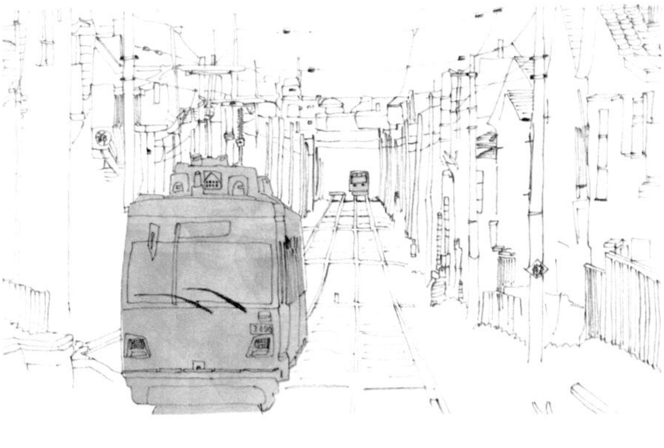

世田谷線は、全線専用軌道、速度が遅い、2両編成でスケールが小さい、全長5kmで距離が短い、駅に改札がなく通り抜け可能など、特殊な性質を持つ。

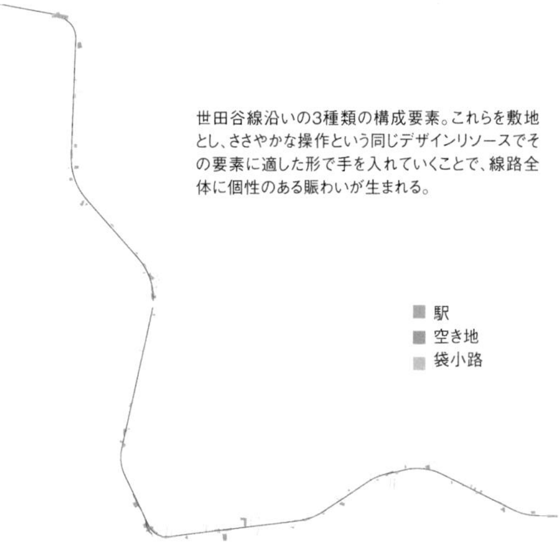

世田谷線沿いの3種類の構成要素。これらを敷地とし、ささやかな操作という同じデザインリソースでその要素に適した形で手を入れていくことで、線路全体に個性のある賑わいが生まれる。

トキドキハレ

町の顔となる駅前空間の再考

廣瀬 萌音 ひろせ もね
北山研究室

「いい感じにてきとーに!!笑(卒制の裏テーマ)」
「スマイル/森七菜(卒制ソング)」
「早いうちからのお手伝い招集(卒制中にやってよかったこと)」

プログラム： 駅前広場、駅前公共建築
計画敷地： 阿佐ヶ谷駅北口ロータリー

設計趣旨 ロータリーやバス停など自動車に占拠され、そのまちの特徴や歴史などとは無関係になってしまっている住宅街の駅前に、歩行者のためのそのまちらしい広場を計画する。敷地である阿佐ヶ谷に古くからあるお祭り、七夕祭りに着目した。七夕祭りとは、パールセンター商店街にハリボテ（商店街の各店舗が自作する、全長3～6mの巨大な飾り物）を吊り下げて商店街を

01 阿佐ヶ谷駅北口ロータリーのトランジットモール化

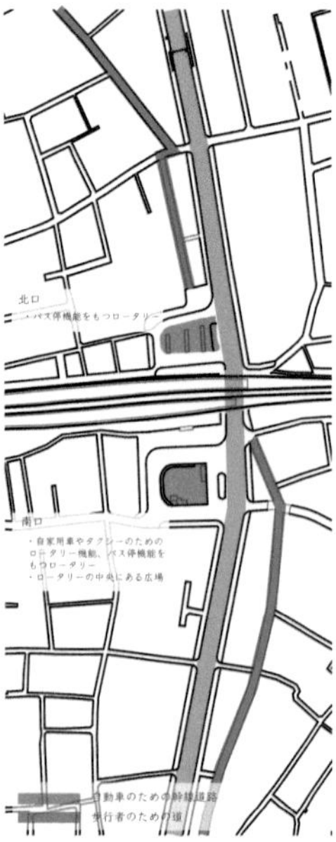

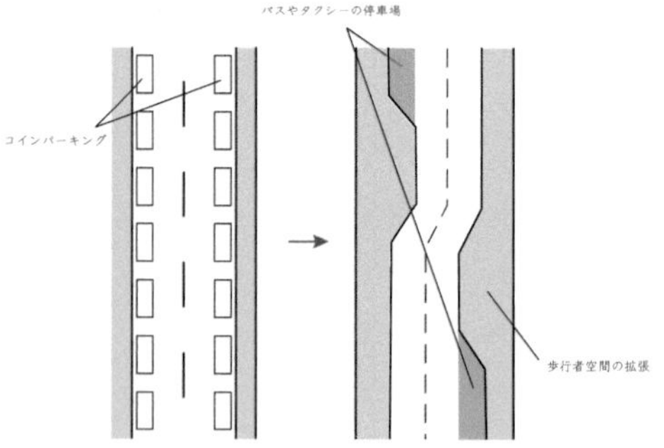

・ロータリー機能を南口だけで担うようにする

・北口のバス停機能を、駅から少し離れた幹線道路の脇に移動させる

道路の両側に距離を開けて停車場を配置することで、
道は蛇行した形状になり、自然と車の速度は落ちる

歩行者にとって少し安全が担保される

↓

阿佐ヶ谷の駅前空間に
歩行者のための、阿佐ヶ谷らしい広場
をつくりだす

02 阿佐ヶ谷における七夕祭りの存在

七夕祭りとは

戦後間も無い頃、商業の売り上げが落ちる8月に、阿佐ヶ谷にどうやったら多くの人が訪れて盛り上がりを見せることができるのだろうと頭を悩ませて、様々な祭りの視察を行なった結果生まれたのが、この七夕祭りである
パールセンター商店街のお店が自作の大きなハリボテを吊り下げて商店街を彩る、華やかな祭りである

通常のパールセンター商店街

▷

七夕祭りの日のパールセンター商店街

ハリボテとは

木などで組んだ枠に針金をかけて紙を貼って形を作る、
全長 3～6m の巨大な飾り物

〈作り方〉

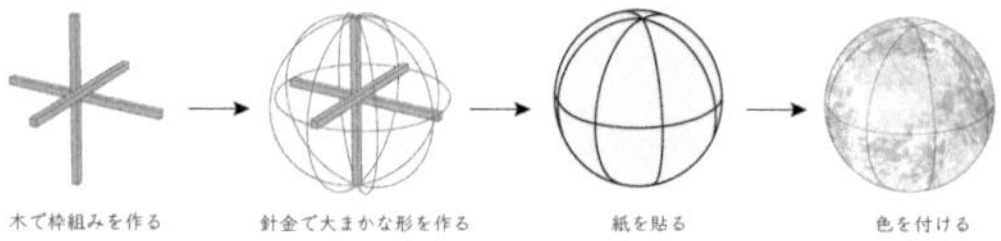

ブルーシートを引いて作業をしたり

上から吊るして作業をしたり

聞き取り調査から

・ハリボテを作る空間が不足している

ハリボテを作っている人たちの作業場は、店の前、自宅、近くの駐車場、中学校の校庭、地域区民センターなどで、巨大なハリボテを作るという、阿佐ヶ谷ならではの振る舞いが、場所不足のせいでこじんまりとしている

・地域の人が小学校に訪れて七夕祭りのことやハリボテの作り方などを教えている

中学校の体育館を借りて作業をしている様子

地域の人が小学校に訪れて、作り方を
レクチャーしている様子

➡ 彩る、華やかなお祭りである。この七夕祭りをハレの日とし、ハレの日に向けた人々のふるまいをベースに設計をする。人間スケールとハリボテスケールの天井高を掛け合わせ、ハレの日には建物から仮設で足場を伸ばして作業をすると想定して、それがケの日でもうまく利用されるよう、空間づくりを行った。ハレをベースにハリボテスケールで設計することで、それがケの日でも歩行者にとって開放的なそのまち特有の広場になっていく。

審査員コメント 駅前空間に作業場をつくるというアイデアは良いと思います。ここから発展して、作業場をつくることによって駅がどう変わるのかというシナリオも見てみたいです。例えばこのハリボテが改札までグッと入り込んできたり、屋根をもっと張り出させて作業空間でありつつ駅の顔にもなったり、住宅側の壁はなくしてオープンにしたり、面白い計画ではあるので、実際にそれを敷地に置いたときの一手があるともっと良くなったと思います。(山道拓人)

03　ハレをベースにした空間づくり

空間の設計手法

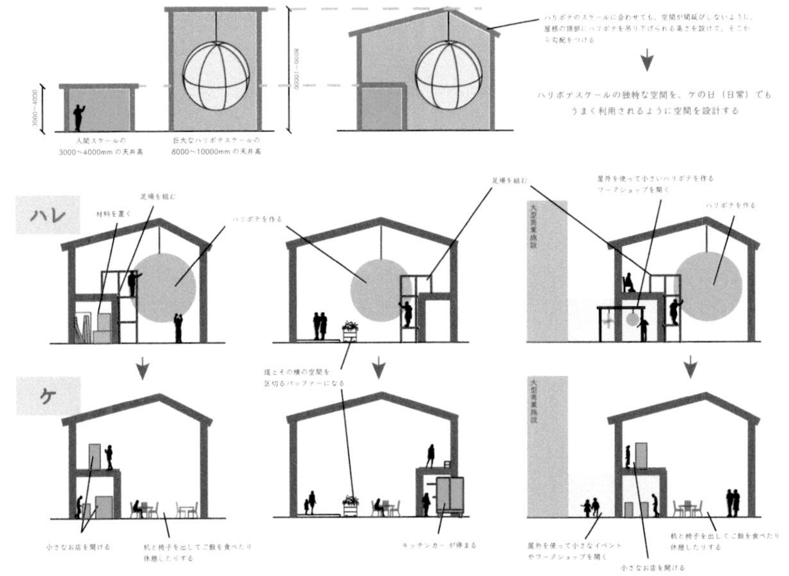

屋根の設計手法

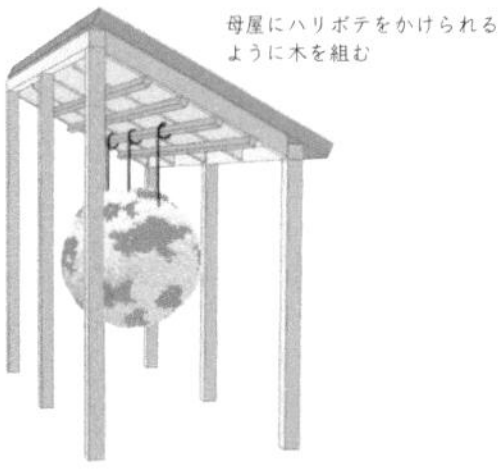

ハレをベースに設計し、ハリボテスケールで
空間を作ることで、
それがケの日でも人々にとって伸びやかで
開放的な空間が広がるようになる

「それから、これから」
文学のアナロジーとしての建築描写

内山 媛理 うちやま ひめり
赤松研究室

「今しかできないこと(卒制の裏テーマ)」
「さよなら、おまちかね/DENIMS(卒制ソング)」
「平和島で1ヶ月シェアハウスをした(卒制中の事件)」

プログラム: 建築の文学的設計方法を探る
計画敷地: 東京都文京区小石川 金剛寺坂

設計趣旨 坂を登ると言うことは、一編の小説を読むということだ。夏目漱石の小説「それから」に繰り返し描かれた金剛寺坂を舞台に、一本の小説を書き上げる。文学のアナロジーとしての建築を定義、金剛寺坂の「それから」「いまでは」のコンテクストを読み解き「これから」の金剛寺坂に文学的操作を行った。一階部分が開かれた町工場、帰る人が見えるアパート、塀の奥から聞

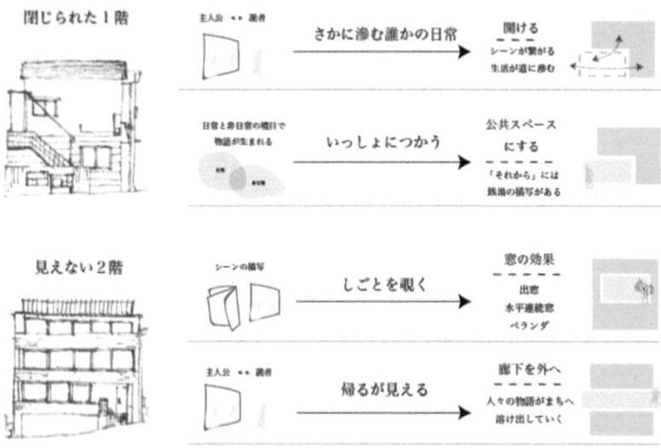

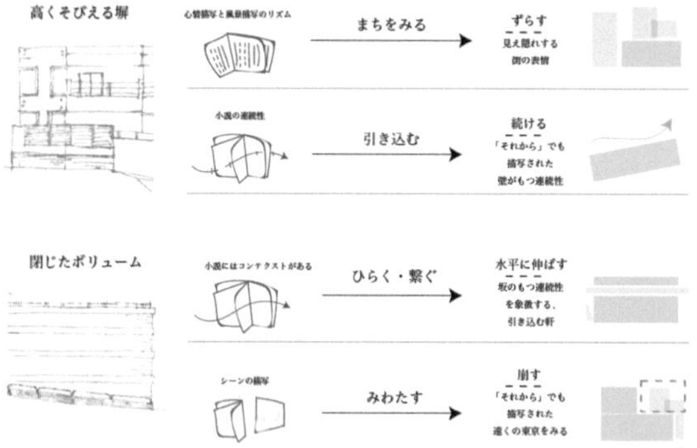

こえる電車のおと、線路の奥に見える小石川のまち並み、賑わう銭湯、その離れにある1人用の椅子。こうして描かれた「これから」の金剛寺坂は読者に様々な解釈をもたらす。子どもだから見える風景、大人になったから見えた景色。人々は様々なシーンで足を止め、歩く速度を落とし、それぞれの金剛寺坂を読む。昔読んだ本をもう一度読み返すようにまた坂を登る、それこそが坂という小説の持つポエジーのひとつだ。

審査員コメント 坂全体を設計するときに、どの建物に手をつけて、どの建物を残すのか。建物を建てるという意思があるとき、その意思は敷地のどこに紐付けるのか。坂全体を観察し、理論だけではない根拠を探している点に好感を持ちました。（谷尻 誠）

■ 建築の文学性

建築は文学性をもち、文学は建築性をもつ。
こうして見つけ出した建築の文学性を設計の根拠にし、「これから」の金剛寺坂を描写していく。

設計にあたり、夏目漱石著「それから」から「それから」のコンテクストを読み取り、現在の金剛寺坂から「いまでは」のコンテクストを読み取った。

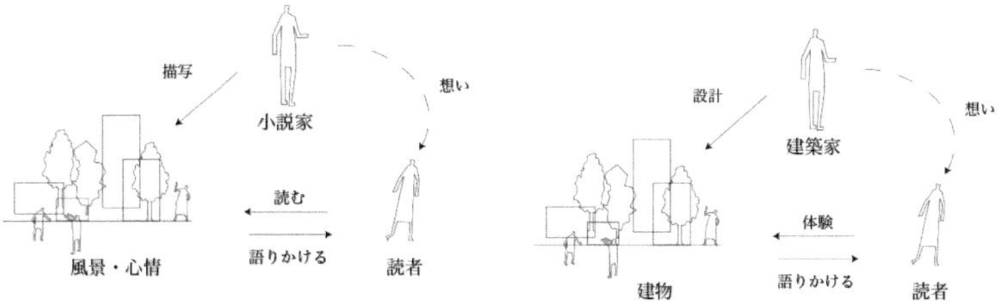

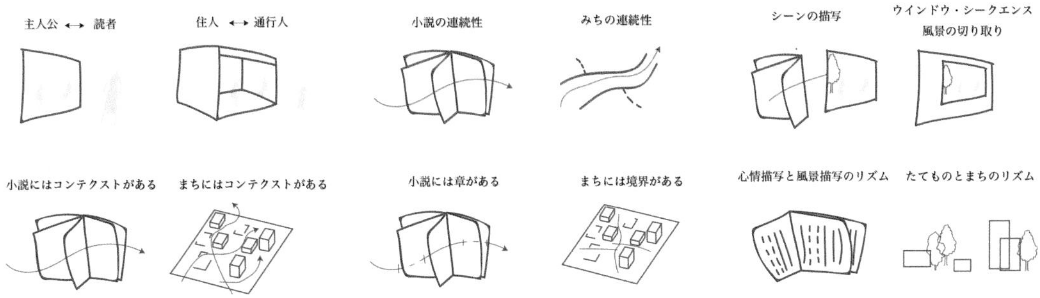

■ 誰かの日常、私の非日常
こうして描かれた平面図は一編の小説になる。

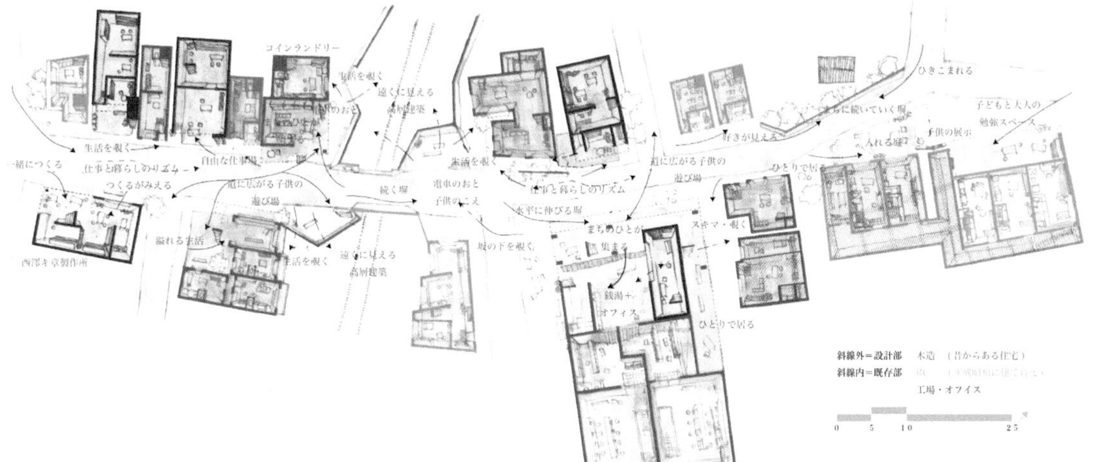

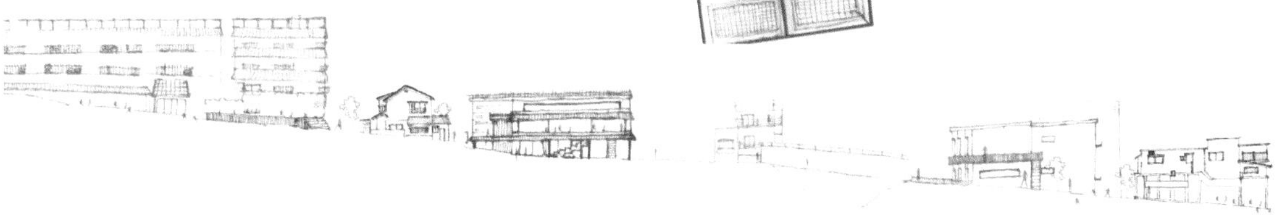

グレイゾーン

柏木 航 かしわぎ わたる

北山研究室

「建築学科の違和感への解答(卒制の裏テーマ)」
「グレイゾーン／RHYMESTER(卒制ソング)」
「提出3日前にmacのストレージ満タンになった(卒制事件簿)」

プログラム：商店街
計画敷地：豊島区要町

設計趣旨 機能主義の都市の建築は、建築がライフスタイルを制限している。この機能主義の建築は住人のライフスタイルを制限し、資産価値の低下を防ぐため手を加えることを拒む。そんな建築に愛着を抱くことは可能なのだろうか。住人が操作できる建築、循環するエレメントーこのまちに建築へ能動的にコミットできる建築プロセスを提案する。そこには住人同士で知識を

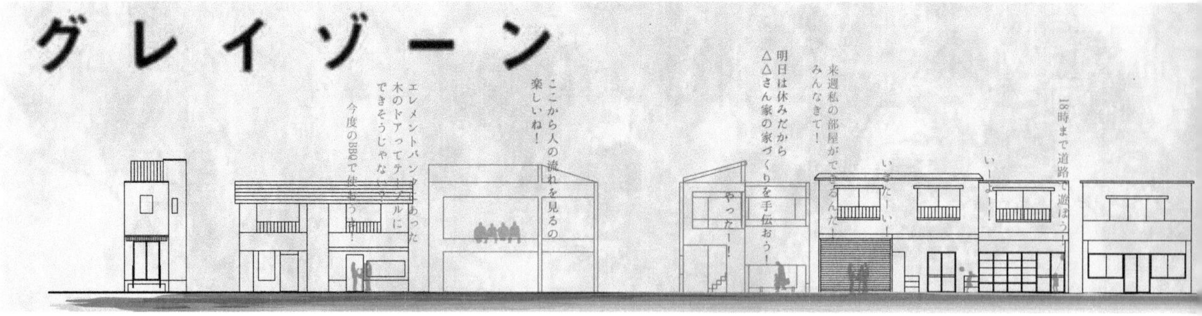

Ⅰ.Issue 1

ブラックボックス化した建築プロセス

機能主義社会は職能を細分化し分業を進めることによって効率的な社会を実現した。
だが、誰がどこでどのように生産したかわからないモノで溢れかえってしまった。

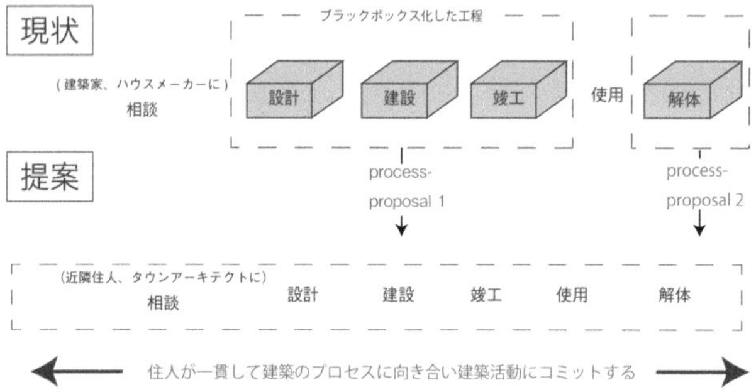

Ⅰ.Issue 2

建築家は何を設計するべきか

建築のライフスパンと人、家族のライフサイクルの変化のスパン、二つの時間軸には大きな差がある。
その差は機能主義のような冗長性のない都市では様々な社会問題を引き起こす。

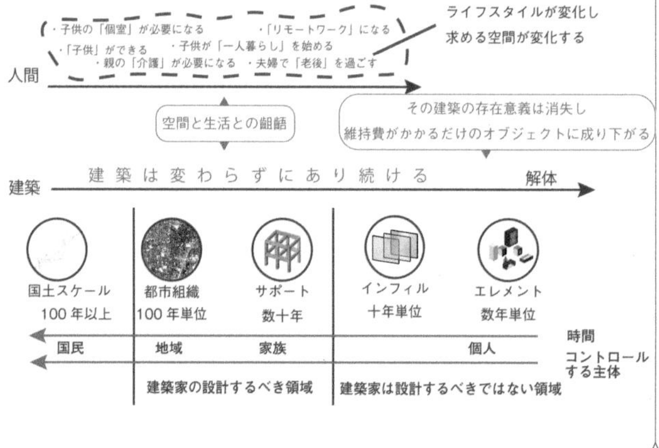

Ⅱ.Process-proposal 1

建築のプロセスを設計する

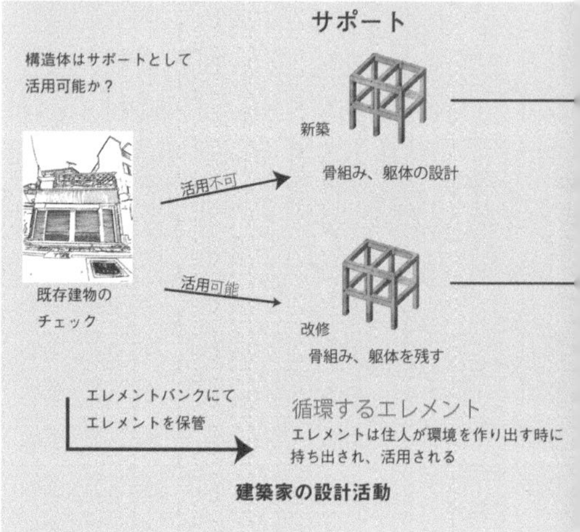

Ⅲ.Method 1

サポートのランゲージ化

サポートは何かできそうなきっかけを組み込み、それをランゲージ化することで規格化する。
ランゲージに対する空間の作り方がレシピのような共有知になっていく

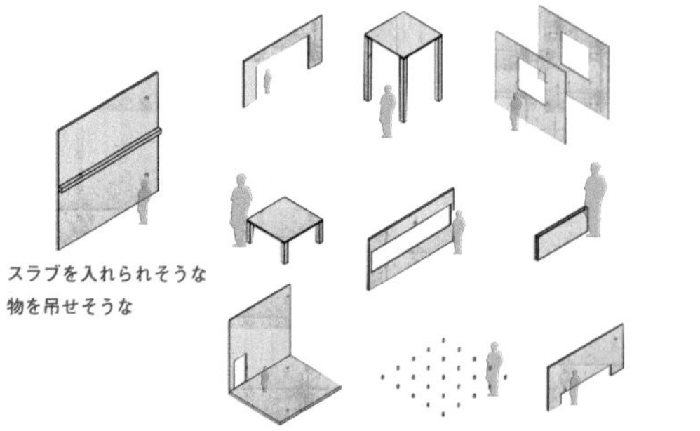

共有し、建築活動を助け合う互助関係が生まれる。当たり前にある要素が当たり前じゃない使われ方をすることで、このまちはありそうでなかったまちになるだろう。

審査員コメント 問題意識や、機能の考え方はとても良いと思います。既存建物が活用不可となり新築が増えていった場合、それはそれで機能的でビジネス性の非常に強い建物になってしまうので注意が必要です。また、独自のサポートとインフィルをつなげるシステムをしっかり設計した方が良い。その方が、より魅力的な提案になったと思います。（髙橋一平）

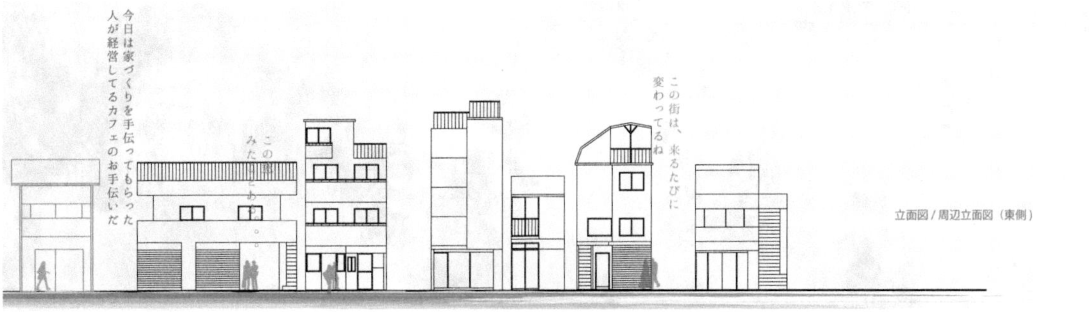

立面図 / 周辺立面図（東側）

機能主義の都市で設計者が完全に
設計するとその空間は用途純化が起こり、
機能が割り当てられる。
建築に与えられた機能は住人のライフスタイルを制限する。
サポートは住人の生活空間を作るきっかけである。

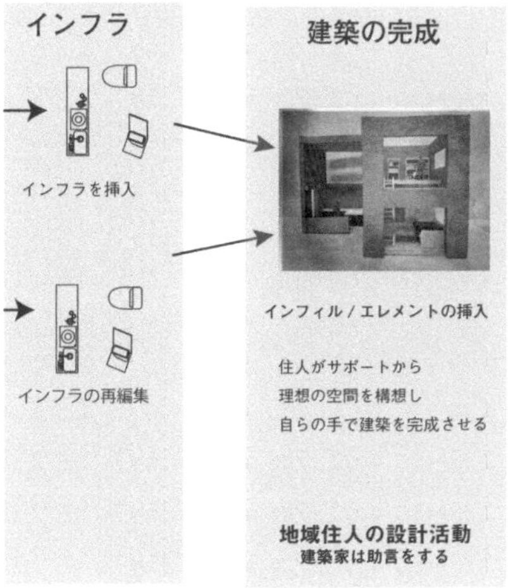

Ⅱ.Process-proposal 2

エレメントの循環を設計する

商店街に対する愛着＝その商店街にあるエレメントに対する愛着の集積と捉える。
この街のエレメントは地域住人たちの思い出とともにあり続ける

時間経過

当たり前だった要素が
時間が経つにつれて
当たり前ではなくなる

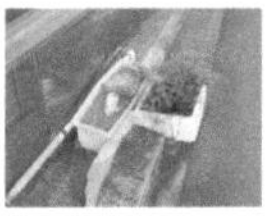

用途の転用

当たり前だった要素が
創意工夫で用途が変わり
当たり前ではなくなる

経年による非慣習的要素化
転用による非慣習的用法が
多発することで都市は画一的ではなくなる

エレメントバンク

建築が解体される時、
エレメントはエレメントに保管される
住人が新たにインフィルを
設計したい場合はここから
エレメントを取り出し
使用する。

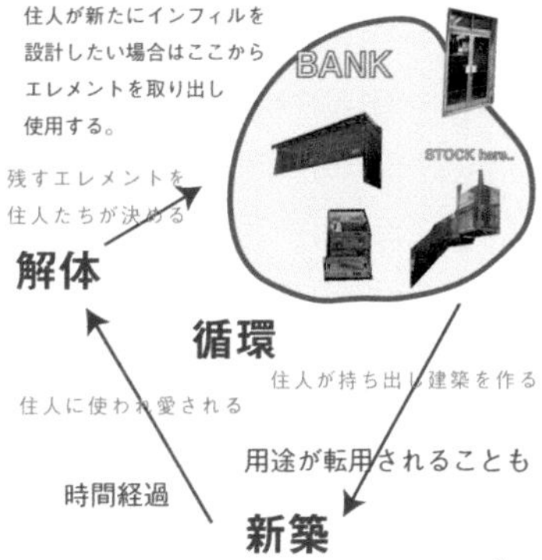

Ⅳ.Site_reserch 1

豊島区要町すずらん通り商店街

敷地のコンテクストを形成しているエレメントを洗い出す。
このエレメントは建築が解体されるときにエレメントバンクにて保管され
住人が新しく空間を作り出すときに再利用される。

境界の衝突するライン

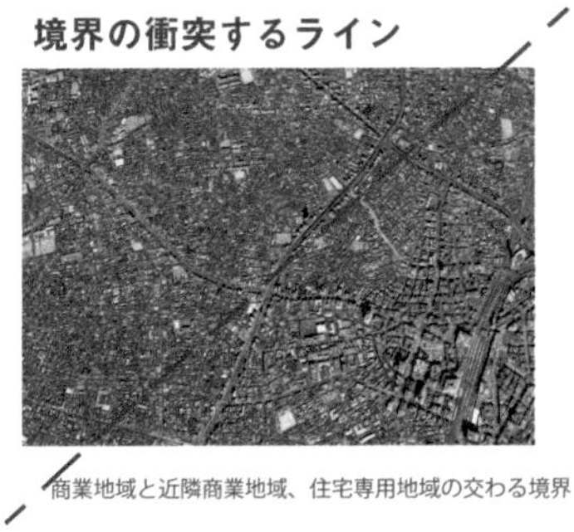

商業地域と近隣商業地域、住宅専用地域の交わる境界

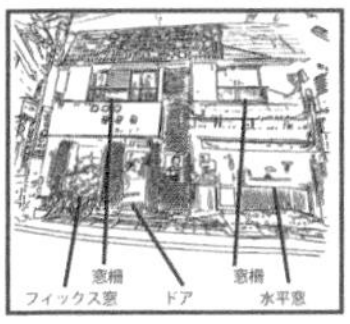

下駄履き住宅 -09
用途：①理容室、居酒屋②住宅
構造：混構造
築年数：不明
屋根形状：フラット
使用状況：①使用中②空き家

赴くままに

新たなコミュニティ拠点となる地域センターの提案

片岡 綾菜 かたおか あやな

岩佐研究室

「絶対卒業!!!!(卒制の裏テーマ)」
「Life Goes On／BTS(卒制ソング)」
「仮眠(卒制期間の癒し)」

プログラム： コミュニティ施設
計画敷地： 東京都新宿区内藤町87

設計趣旨 今、日常は大きく変化している。人と人のつながりは直接的なつながりを避け、便利なオンライン上のつながりが盛んだ。オンライン化によって、人々はつながる「場」・つながる「手段」を自由に選択できるようになった。結果、本来「つながり」に置いて重要なファクターであった、五感を活用した体験や偶然の出会い・ハプニングや余韻は、スイッチひとつでつながれるよう ➚

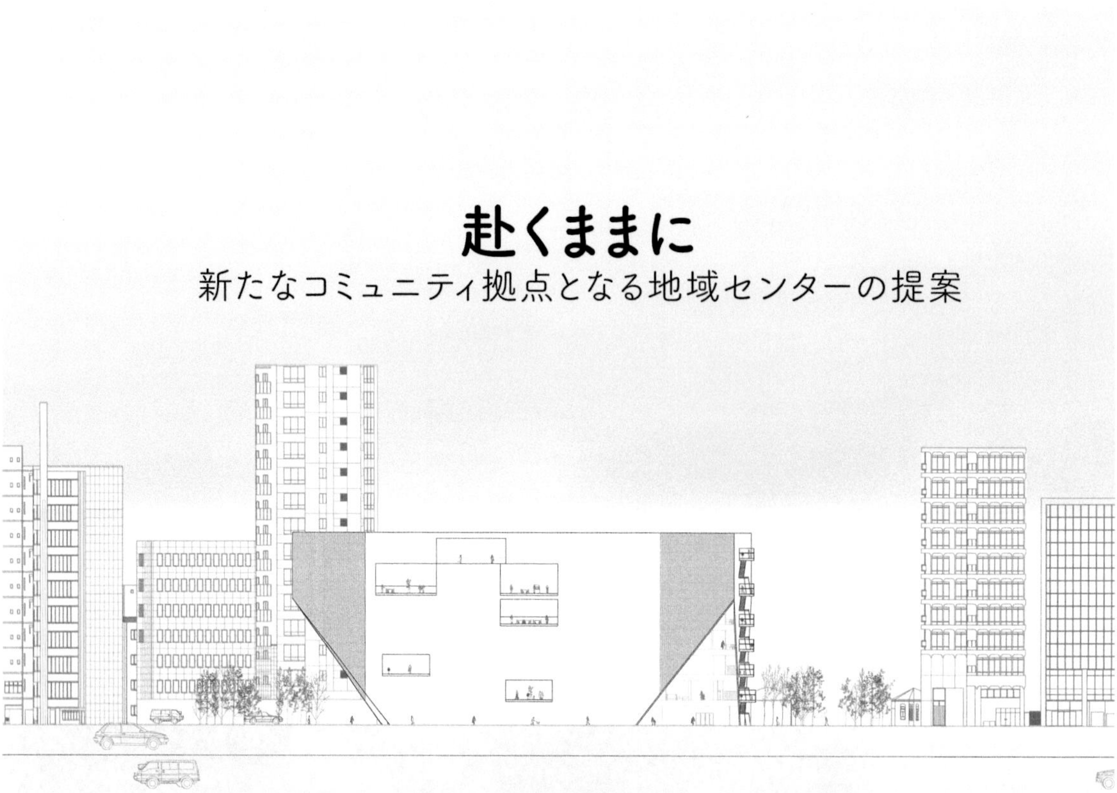

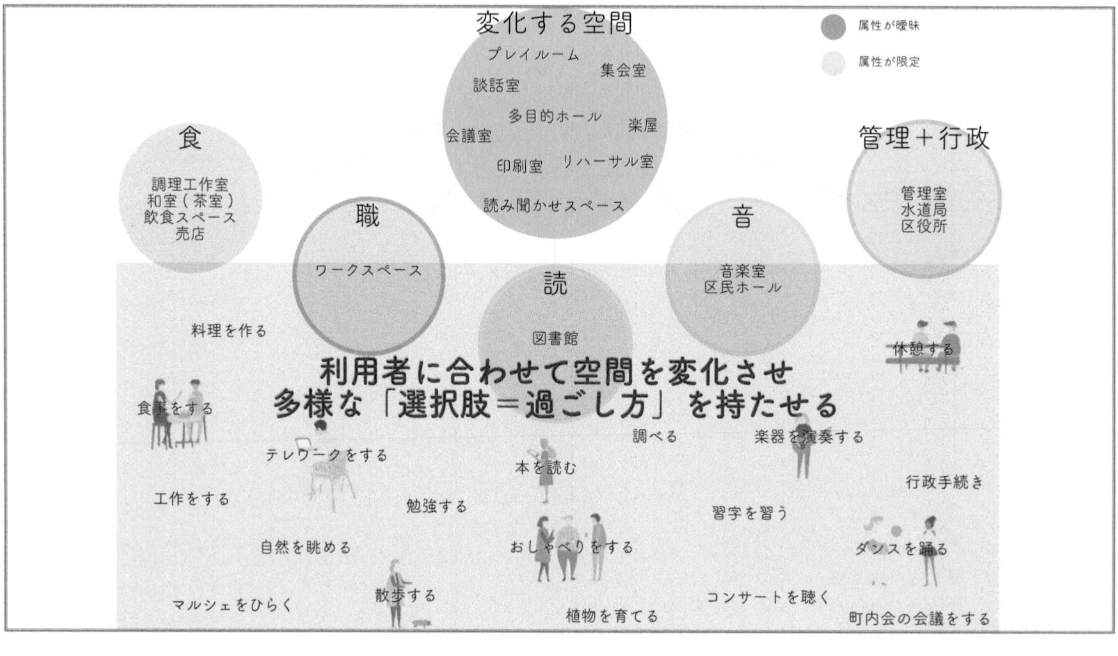

㋒になったことで少しずつ失われ始めている。本提案では、「地域のつながり・オンライン化により失われた切り替えの要素・利用者が取捨選択できるような選択肢の多様性」をキーワードに掲げ、居住地域を拠点とした生活が主流になる今後、地域住民同士の直接的な結びつきを生む人々が集う居場所の選択肢「新たな時代のコミュニティ拠点」を計画した。

審査員コメント この三角形の敷地は、大きな道路に面し、一方では新宿御苑の木々が迫る、他にはない特徴を持っています。卒業設計ですから、必ずしも敷地境界線を遵守する必要はありません。境界線を飛び越えて木々を巻き込むなど、全方向から特徴を捉えた建築の立ち上がり方があったのではないでしょうか。他の場所でも成立するような立面にしかなっていないことが残念です。吹き抜けの周りにあるテラスのような空間に対して縦動線を挿入すると、機能の混在をもっとつくり出すことができそうです。(中川エリカ)

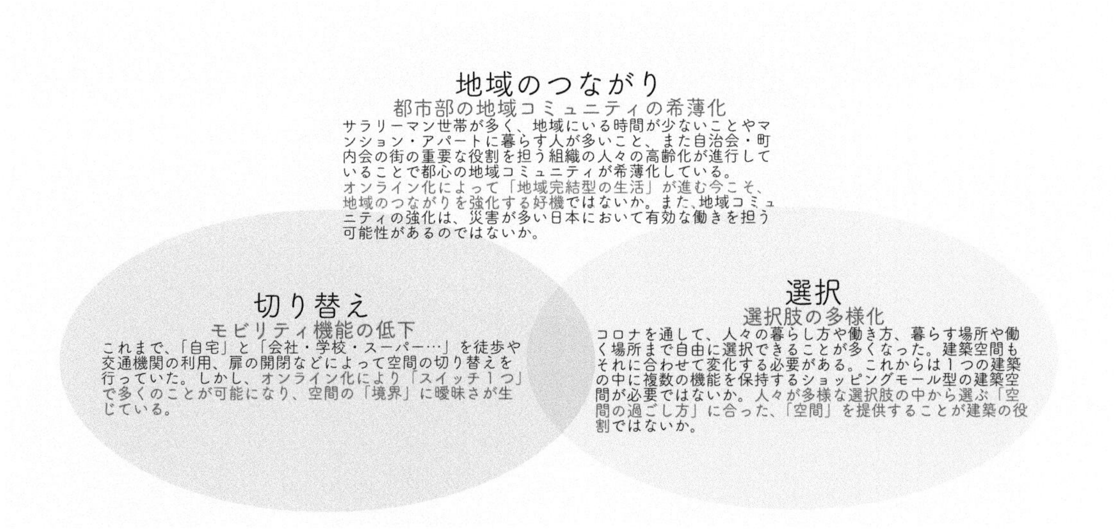

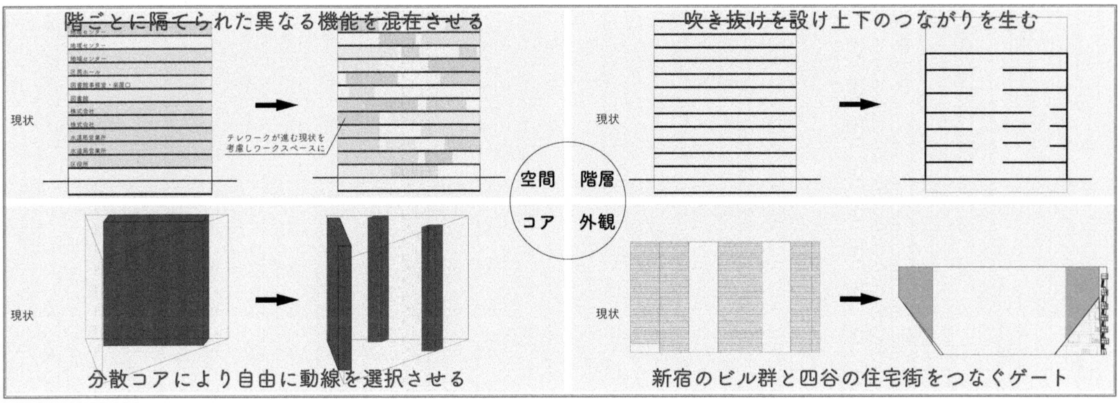

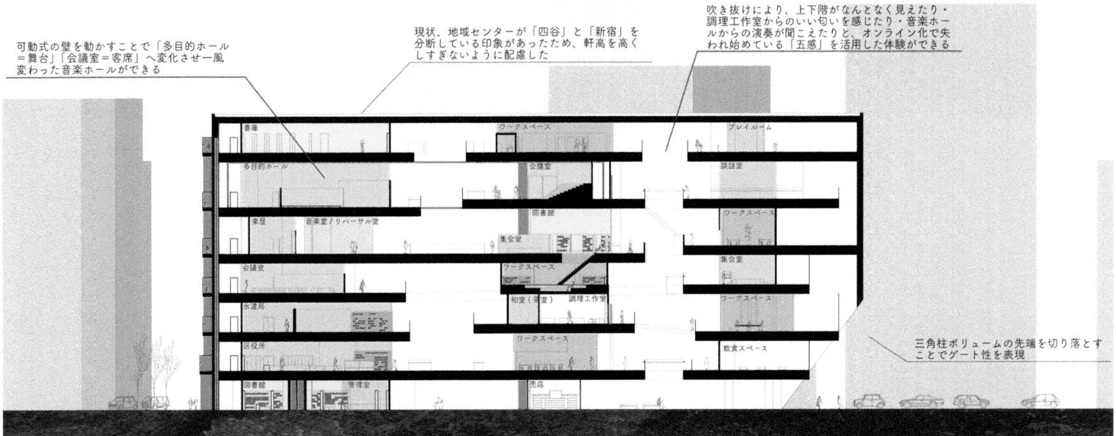

繋ぎ留める緩衝帯

勝野 楓未 かつの ふみ

北山研究室

「"違和感"を構成していた要素の謎解き(卒制の裏テーマ)」
「first take 回し聞きしてた(卒制ソング)」
「家族でみかんを食べる時に毎回じゃんけんして順番決めてたこと(卒制期間の癒し)」

プログラム：ランドスケープミュージアム
計画敷地：全生園

設計趣旨　敷地は私の幼少期の核をつくった遊び場。大学に入りハンセン病患者の隔離施設であったことを知った。負の遺産として捉えられているこの場所には、その言葉に押し込めることができない面がある。自治の歴史・境界の変化によりできた風景が園の固有性であると考え、生きられた園の姿を残していくために設計を行う。1. 点在する要素となってしまった風景を人に代

敷地内にあるハンセン病資料館にその歴史資料がたくさん展示され、この地が負の遺産であることを伝えている．
負の遺産という言葉に押し込めてしまうことができない風景を繋ぎ留める11の建築を計画する．

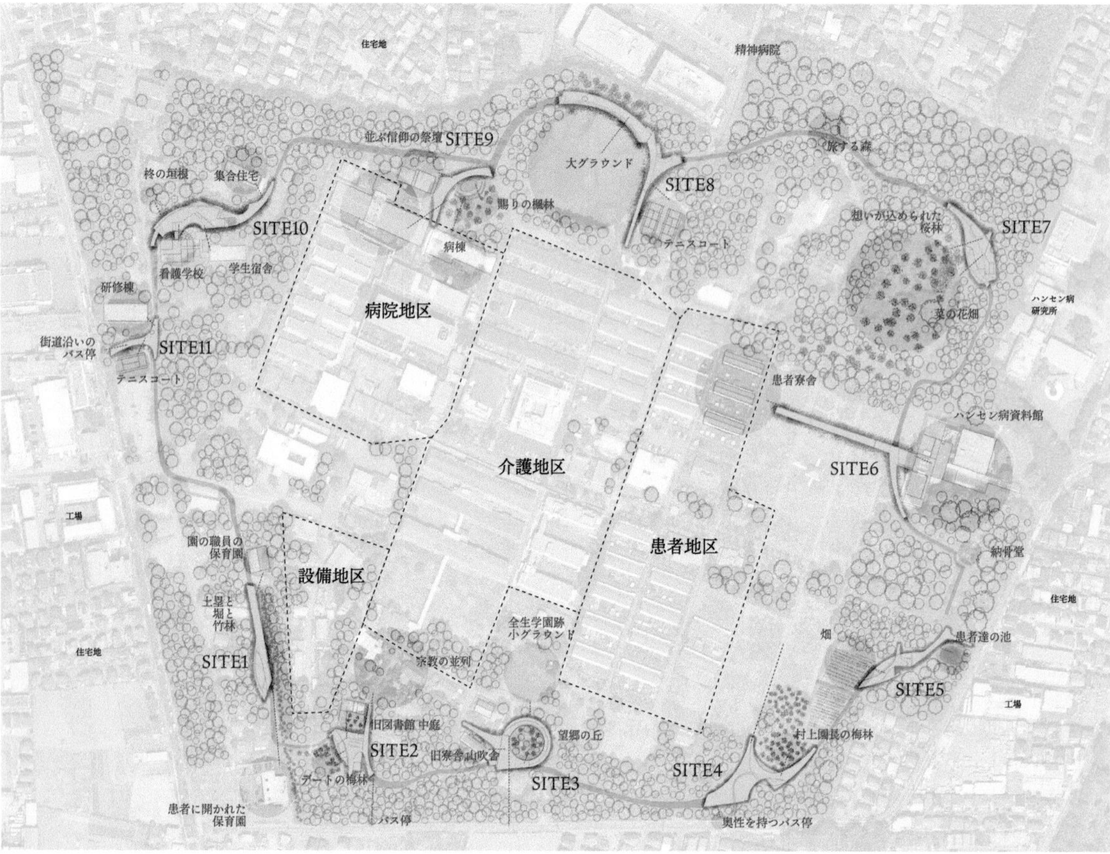

異なる世界の緩衝帯であった森．

↗わり繋いでいく建築　2. 森がつくる閉じられつつも開かれるという場所性を残していく道。最初は今も暮らす患者の場に、次第に周辺住人の場に．主体により使われ方も変わっていく。異なる世界の緩衝帯・境界域である森を居場所化し内外の二項対立の関係性を変える。そして未来の全生園は、社会の外的なプレッシャーから守られつつ人々の生活を豊かにする、ある種のユートピアのようになっていってほしいという願いを込め計画をする。

審査員コメント　プレゼンテーションの戦略として、前提条件となるリサーチの話よりも、設計の話に重きを置くべきでした。ボードでの表現についても、もっとスケッチを大きくしたり、もっと前面にシーンパースを出したりした方が良かったと思います。全体を計画しているのは理解できますが、それだけではこの全生園という場所は変わらない。建築家として自分が考えた「部分」の設計を、もっと語ることができたのではないでしょうか。テーマと着眼点が良い分、それらを調理しきれていないように感じました。（内藤 廣）

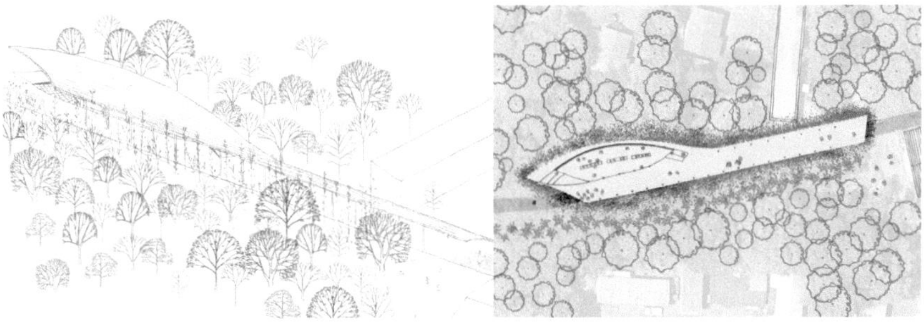

SITE1

隔離の遺構を展示する道を作る．

患者が自由に訪れ子供達と
交流できる花さき保育園、
職員の子を預かるあおば保育園の
二つが繋がる．

展示室には子供達の作品も飾られる．

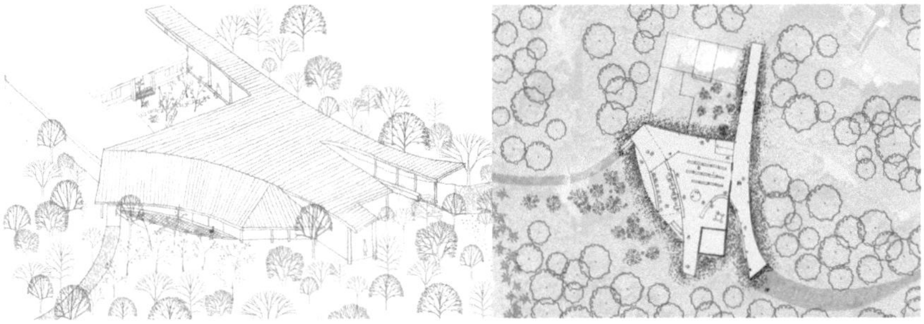

SITE2

資料館に移され
閉じてしまった旧図書館．

施設に閉じ込められた図書館を
もう一度引き戻し、素敵な庭を囲む．

多くの患者のお気に入りである
梅林を見つつ本を読む．

SITE10

看護学校の図書室、トイレを広げ
自然を見ながら
休み時間を過ごすことができる．

日中は園を散歩する人、
集合住宅の住人も設備を使う．

建築群により、園は時間の層を重ねつつ人々の日常を豊かにする場になっていく．

或る駅の風景

河上 朝乃 かわかみ あさの

北山研究室

「機嫌よくやる(卒制の裏テーマ)」
「Time Warp／Perfume(卒制ソング)」
「リビングがずっとスプレー臭かったこと(謝りたいこと)」

プログラム：オープンスペース
計画敷地：新宿駅地下コンコース

設計趣旨 新宿駅の地下空間の風景に介入して人のふるまいを設計した。

新宿駅は交通空間として滞留やそれに付随するふるまいが空間によって削除されている。本計画では削除された選択肢を設計によって補填し、豊かなオープンスペースをつくろうと考えた。

新宿駅はその複雑な構成から、経路の空間体験と、地 ↗

1. 背景

1.1 不自由な都市からの解放

技術は「不自由さ」を一様に不快なものとみなし、人を都市から切り離してきた。
しかし、コロナ禍で都市の「不自由」から解放された時、**再検討の余地を感じる。**

1.2 covid-19 に伴う外出自粛期間とその後
1.3 都市的な繋がり方の片鱗

1.4 オープンスペースの可能性

コミュニティやヒエラルキーから解放された場として想起されるのは**オープンスペース**である。その価値は**鍵の掛からない点**である。そこで私達は**漂白され何者かを問われる関係から解放**される。互いに名前もなく性別や年代、服装から見える職業等視覚的情報のみを携えて認識しあう。

1.5 鍵のかけられたオープンスペース

しかし、オープンスペースでのふるまいはその**利用者の指向の和集合に近似**するはずが、**最大公約数の利便性や快適性**（ベン図における共通部分）のみを正解とする計画によってふるまいの種類の貧しい空間となっている。規制された**ふるまいの必要が入場料としてある種の鍵**をかけている。

2. 問題提起

2020

2.1. 個人生活と都市への嫌悪

最適化された生活のなかで、維持管理の基準が個人ではなく集団に合わせられている都市空間に人々は**恐怖と嫌悪感**を抱き始めている。

2021

2.2 〇〇としての生活

外出自粛期間以前の行動と比較して、必要最低限の外出が求められた結果、**余白のある生活**が失われた。コミュニティ間を往復する中で**常にメンバーシップが存在**し**自分が誰であるのかを問われている**。

Freedom

2.3 匿名性欠乏症候群

コロナ禍を乗り越えるための技術がもたらした弊害に名をつけるのならば、**匿名性欠乏症候群**である。空間のパブリック-プライベート、自身の所属の明確さはグラデーションの中に存在し、**個人が多様な選択肢の中から撰び取る**べきである。メンバーシップに寄った社会で**二者択一ではない折衷案**を作るために、**匿名性のある空間を提案**する。

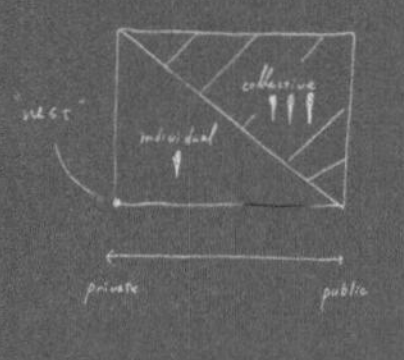

Membership

➚上に出た時の部分的な都市を貼り合わせたアイラインから見る風景の連続で認識される。視覚的な風景への介入が効果的な敷地である。
提案は３敷地に対して３段階で行う。PHASE Ⅰ／２で設計した物理的なアプローチに加えPHASE ３で設計部分に滞留が現れると主動線から見える風景が変化する。そのふるまいがまた別の人のふるまいの契機となり、ふるまいの設計が完成する。

審査員コメント 問題意識は分かりますが、なぜ新宿駅の空間が、滞留ではなく「歩かされて」しまう場所になっているのか、分析がないため、抽象的な提案になっていると思います。また、空間を分割する柱も、地下駅の構造体や形式性に加わることができていないので、建築の要素としては存在感が少し弱いように感じます。大胆で、誰が見ても効果が分かるようなはっきりした形を提案できたら良かったです。（髙橋一平）

提案：新宿駅地下空間の風景に介入してふるまいを設計する

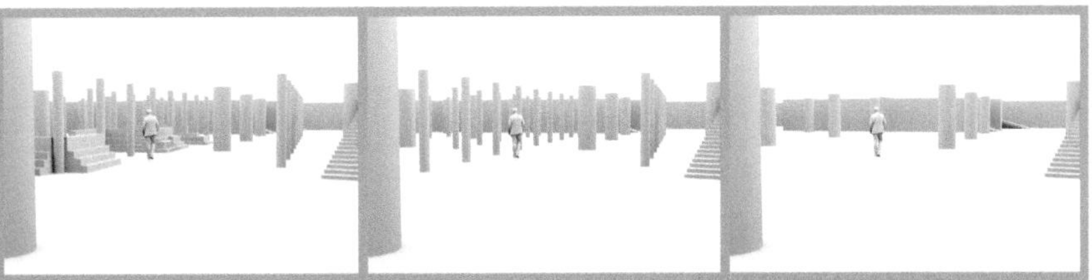

Phase 3 ← Phase 2-2 ← Phase 2-1 ← Phase 1

PHASE 3 ふるまいの設計

設計部分に滞留が現れた時、
主動線からの風景が変化する。
その風景がまた別の滞留の契機となり、ふるまいの設計が完成する。

PHASE 2 風景への介入

主動線から見える位置の風景に介入する。

ex-1] マスを対象としたスパンの大きい空間を細い柱で分割する。
ex-2] 分割した空間に、人の溜まり、動線の淀みを設計する。

PHASE 1 動線の設計

各敷地の動線を分割する。
交通空間として残す主動線を設定、
滞留に向かう従動線を設計する。
複数の選択肢を用意して一律な動線、
一律なふるまいから抜け出す。

3. 敷地分析

3.1 敷地選定

3.2 滞留と交通の歴史 - その狭間に

1966　新宿駅西口広場竣工、広場供用開始
1969　フォークゲリラ運動 - 西口広場を占拠
1969　西口広場を「広場」から「通路」へ改称
1996　ホームレス一斉排除
2020-　with/after コロナに伴い駅利用者減少
　　→余剰空間の発生

広場的性質を無視する様に通路として使われてきた場に滞留を取り戻す余地が生まれたのではないか。

3.3 空間に排除された行動

敷地では**交通空間としてふるまいの排除が顕著に現れている。**
しかし、消去法の結果としてできた明快な空間に利用者は通過する姿しか見せず、歩**か「されて」いることに気づかない。**

3.4 俯瞰できない駅 - 新宿

歴史が作った複雑な構成から、利用者は**経路の空間体験（見せかけの立面）**と**地上に出た時の部分的な都市**を貼り合わせたアイラインの風景の連続で**駅を認識する。**
→視覚的な風景への介入が効果を発揮する場である。

3.5 ケーススタディとしての新宿駅

分析方法：新宿駅の体験を一人称の文に起こす→第三者的再読
アナウンスの**駅名を伏せ字にすると他の駅にも当てはまる文。**
→新宿駅の緩やかな排除は他の駅でも起こりうる

①「次は終点新宿です。・・・」――「次は■■■■・・・」②
①体験を文章化　**②駅名を削除**

アナウンスが聞こえる、背筋が伸びる。
少し緊張しながら立ち上がる。

この流れをせき止めずに歩くことができるだろうか。
後ろの人に急かされながら前の背中を追いかける

昨日隣を歩いた祖母と同じペースの人を何人も追い抜いた。
目的地を見逃さないように掲示を追う。

ここに存在する通過は私の選択ではなく、
空間が消去法によって残した物だ。

新宿駅地下コンコース

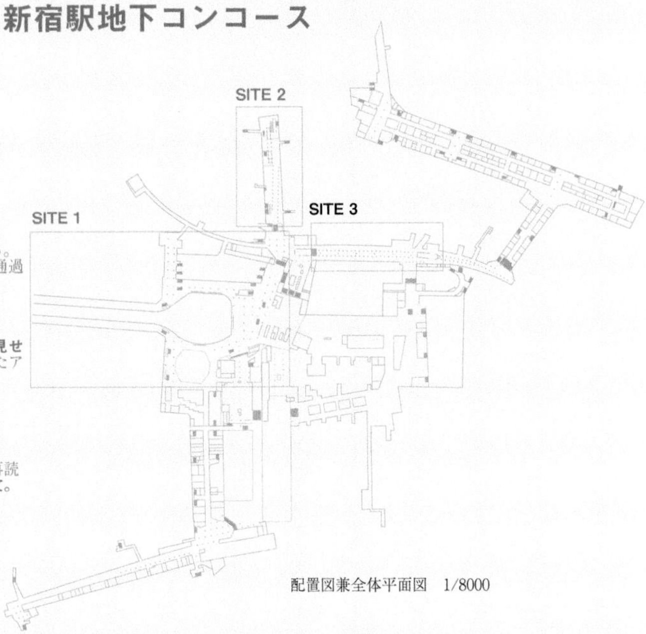

配置図兼全体平面図　1/8000

4. 提案

オープンスペース	通過　滞留
新宿	通過　~~滞留~~

空間（＝風景）が選択肢を削除
↓
選択肢となる風景を設計する

空間に排除された行動への対応

駅空間はより多くの人を効率的に移動させる要求からできた交通空間であるため、動線に不自由なものを取り除いて作られている。
排除された選択肢を設計により補填する。

新宿駅の地下空間の**風景に介入して人のふるまい**を設計する。

選択肢の補填によって、都市的な繋がりのある、
匿名性の保たれた豊かなオープンスペースを設計する。

重なる暮らしの延長に
―戸建て住宅の共同体化―

鈴木 皓士郎 すずき こうしろう
北山研究室

「全力疾走(卒制の裏テーマ)」
「ライオン／ベリーグッドマン(卒制ソング)」
「散歩(卒制中にやってよかったこと)」

プログラム：住宅地の再編
計画敷地：東京都練馬区大泉

設計趣旨 コ（個・戸）として暮らす住宅地を、共に暮らす共同体へと書き換える。

都市につくられた戸建て住宅、計10戸をつないでいくことで互いに暮らしを助け合い、住宅地に集まって住む価値が生まれる。動植物は相互に生命を支え合うために群れを形成する。しかし人間は利益のない生活では群れを形成せず、生活は溢れかえる。敷地には生産緑地法に

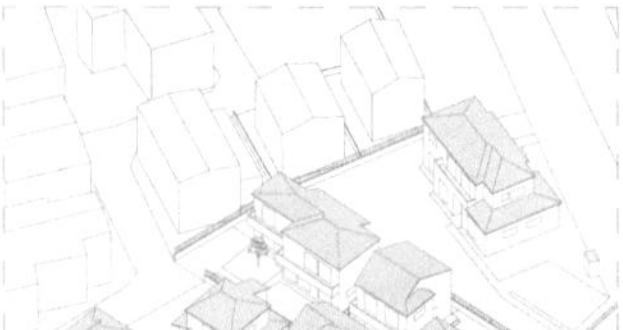

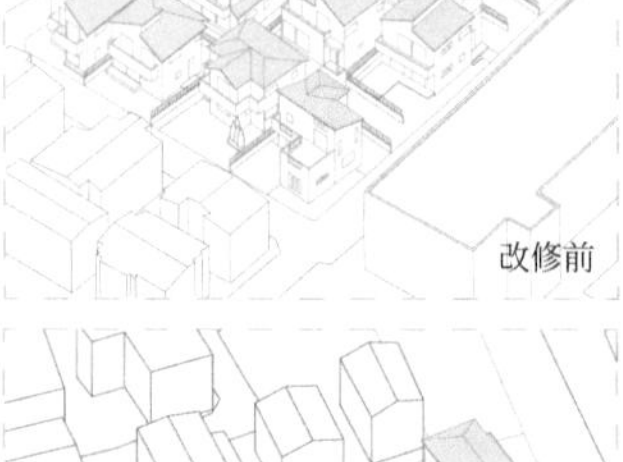

➚より守られた都市農業が存在するが、数年後には農地が宅地へと移り変わる。既存住宅の境界を減築・増築して複数の小さな境界へと変えると、生活領域が広がり重なり合う。重なる領域はコモンになり、ある住人はみんなに朝食をふるまったり、ある住人は農産物販売所で趣味を販売したりする。都市に広がる戸建て住宅地を、境界の操作によって住人が相互に助け合う共同体へとつくりかえる提案である。

審査員コメント 人口が減少する中で増えていく空家を開き、近隣住民も使えるようにすることで、1戸1家族ではなく2戸で1家族となるような住宅地の更新を提案しています。ひとつ思ったのは、10戸の住宅全てを同時に建て替えるのではなく、住人がいなくなった住宅から部分的に建て替えていく方がいいのではないかということ。変化していく時間軸を盛り込めたら良かったです。（山道拓人）

生活の重なり合い

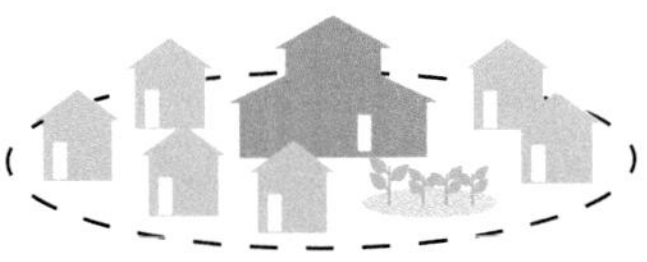

既存の農地を持つ農家と周辺の住宅を群として捉えなおす

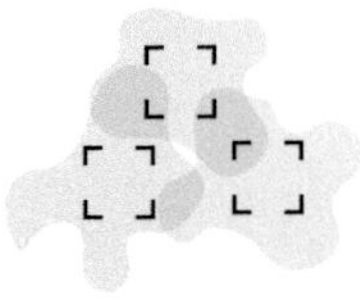

閉じられていた生活が広がり、重なりあう

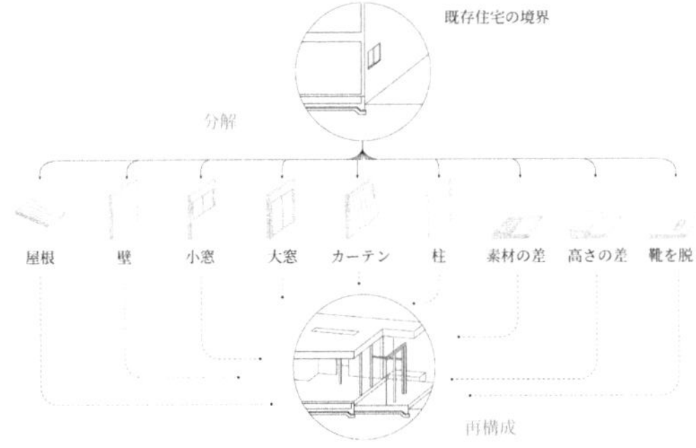

境界を分解し、再構成することで領域が広がる

既存1階平面図　1/1000

改修後2階平面図　1/1000

改修後1階平面図　1/500

まちなか道草物語
雑司ヶ谷に根付く場所愛

遠山 大輝 とおやま だいき

北山研究室

「一生考えたいテーマを見出す（卒制の裏テーマ）」
「秋山黄色（卒制ソング）」
「お手伝いさんとのおしゃべりタイム（卒制期間の癒し）」

プログラム：コモンズ
計画敷地：東京都豊島区雑司ヶ谷

設計趣旨 現在、都市のいろんな場所で開発が行われ、都市化が進んでいる。それは大きなストーリーでその区画を変えていこうとするものだ。私たちはそれにより、まちの個性である”らしさ”を見失ってしまっているのではないか。もっと住民のまちへの愛着に目を向け、それを集積してつくられるまちの発展の仕方が考えられないだろうか。

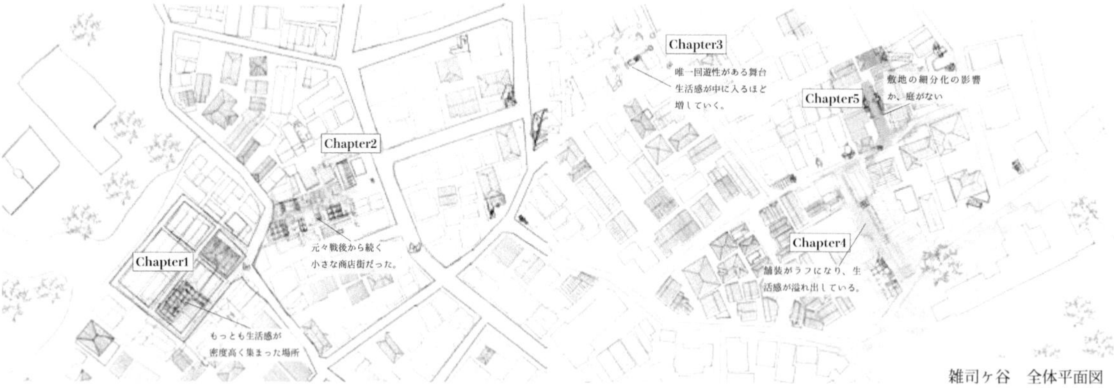

雑司ヶ谷　全体平面図

Site resesarch

道と道に沿う敷地の生活の溢れ出しの現状からタイポロジーを構成した

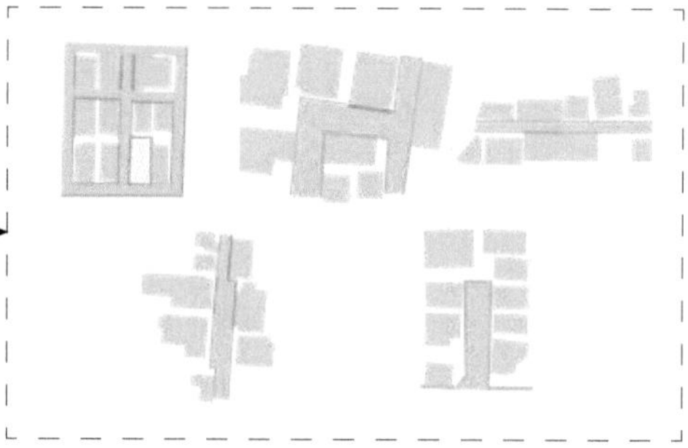

Language research

まちにある愛着の痕跡から雑司ヶ谷に馴染む空間のあり方と設計言語を見出した

←イメージリサーチ

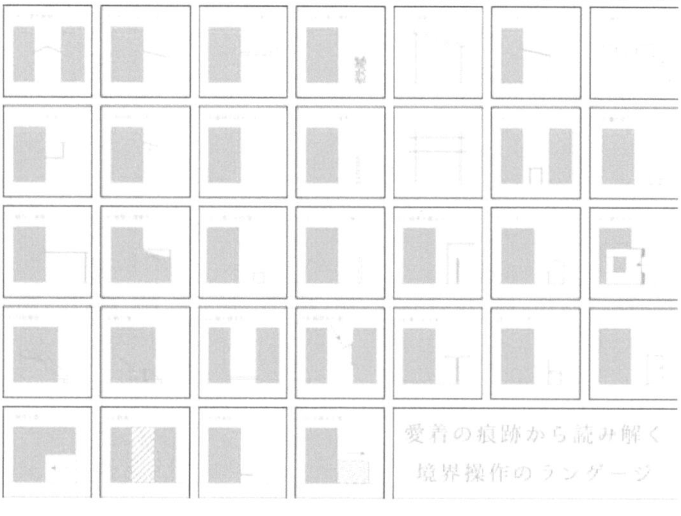

↑設計言語の抽出

➚私はこのような思いを胸に、愛着を感じるまち、雑司ヶ谷で愛着から生まれる魅力を最大化するきっかけをいかに与えるかを探求した。まちの風景に対して自分なりに想像力を深め、それに欠かせない空間要素を抽出することから設計をはじめた。それぞれのChapterの読み込みを深め、場所性を引き出すような小さな空間を建物の隙間に挿入していった。

審査員コメント 雑司ヶ谷で見つけた行き止まりの道を構成する、ヴァナキュラーな人たちによって無意識につくられたまち並みに対してシステムを差し込む提案です。ユニバーサルなシステムなので、本来は既存のまち並みとぶつかるはず。そのことに意識的になるべきだと思います。ぶつかり合ったときの対処法は2つ考えられます。1つは差し込まれたものの存在感を無くす。そうすると違和感なく、人々の活動だけが表れてきます。もう1つは、もっと強い意志を持ってしっかりと形をつくる。そして、ぶつかり合いを面白いものとして見ることです。(内藤 廣)

Chapter 1　自然に潜る庭　断面図 1/250

生活感と自然の振る舞いが絡み合う庭

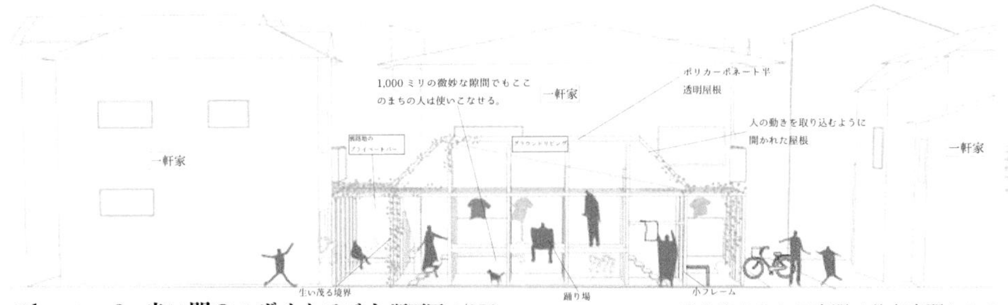

Chapter 2　光と闇のモザイクアジト　断面図 1/250

光を取り入れる空間は共有空間となる

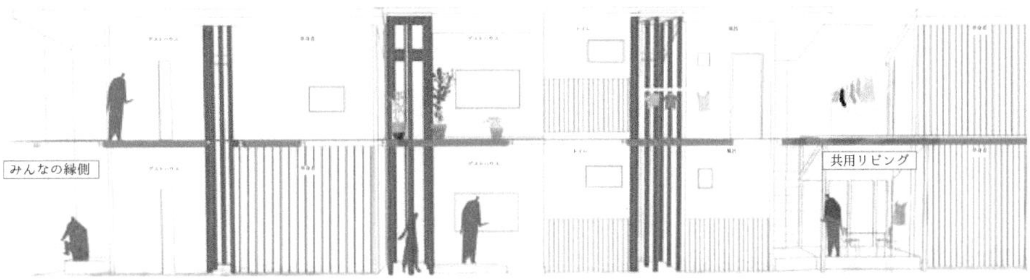

Chapter 3　回遊と滞留　断面図 1/250

回遊を促す曲線は滞留の場となる

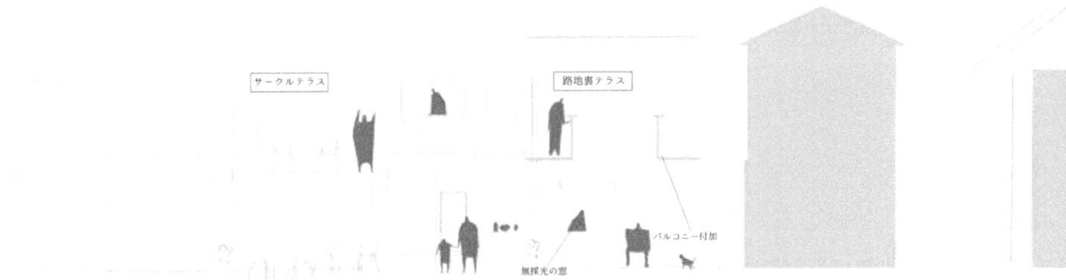

Chapter 4　まちなか秘密基地　断面図 1/250

遊びの空間と見守る空間が道を活性化する

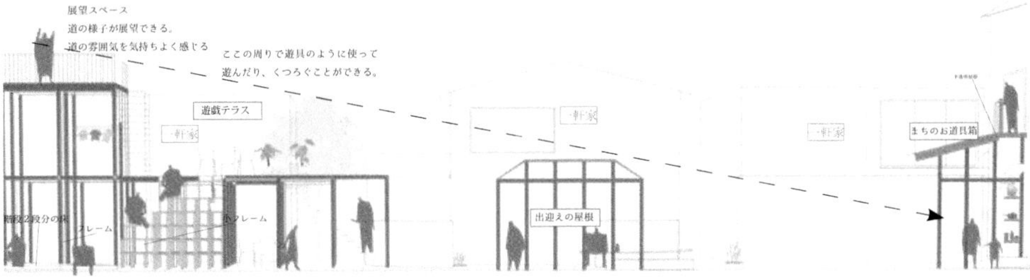

Chapter 5　奥行き９００ミリの庭　断面図 1/250

細いながらも多様なシーンを持つ小さな庭

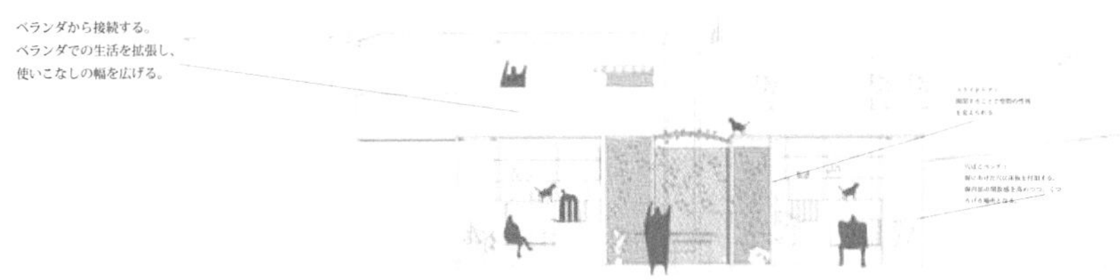

徘徊個処
渋谷の屋上に寄生して

矢田 瑛己 やだ えいき
渡邉研究室

「お金節約(卒制の裏テーマ)」
「グランドエスケープ feat.三浦透子(卒制ソング)」
「風呂場でのネトフリ(卒制期間にやってよかったこと)」

プログラム：屋上空間の再編
計画敷地：渋谷センター街屋上

設計趣旨 渋谷には個人が反映されない経済空間を拒み、目的達成まで都市を徘徊する徘徊者がいた。
彼らが渋谷の場所性をつくっている。
しかし、管理や規制が明確化し、都市で個人が表現する場は失われつつある。

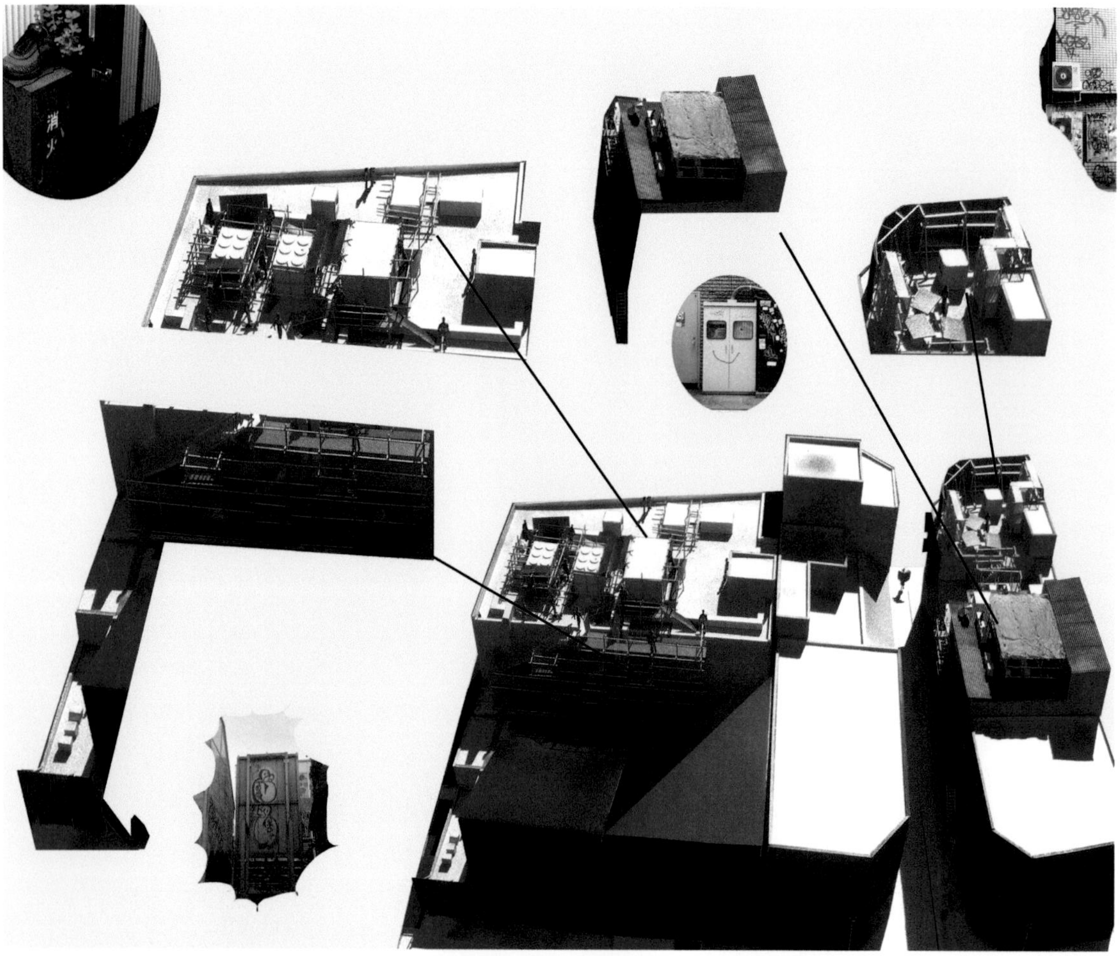

都市は、便利であると同時に私たちの選択の余地を狭めています。
都市ビルは機能性を求め、均一です。
商業空間はお洒落かもしれません。しかし、洗練されたデザインは時として私たちに流行を押し付けます。
一方、渋谷には個を表現できる場があり、そこで渋谷の場所性がうまれ、経済性とは異なる要因で都市背景は日々複雑に変化していました。しかし、渋谷もまた地上の管理や規制が明確化されていき、地上に徘徊者の居場所はなくなりつつあります。

地上からは見えることで都市背景には広告価値が付与されてしまいます。故に、地上から見えない屋上には非経済的な空間が残されています。

渋谷に残された屋上空間

↗ 都市からは徘徊者が消え、渋谷の複雑で豊かな都市背景が、均一で曖昧なものになりつつある。
特定の居場所しか持たない私たちも、似た個人が集まり、都市の平均的な個人にすぎないかもしれない。
私たちに、都市に、個はあるのだろうか？
人々が都市を徘徊し、渋谷の場所性を取り戻すために、非経済的な屋上空間に徘徊者の拠り所（＝アジール）を提案する。

審査員コメント 一般的に価値を見出されたものとは反対側にあるという屋上空間で、徘徊者のテリトリーをつくることは理解できます。しかし、避難所をつくりましたというだけではなく、価値の有無を逆転させ、パラダイムシフトが起きるレベルにまで設計行為が及んでいると、より高く評価ができたと思います。失われたものを復元するだけに止まらず、その先の可能性を提示してもらいたい。
(谷尻 誠)

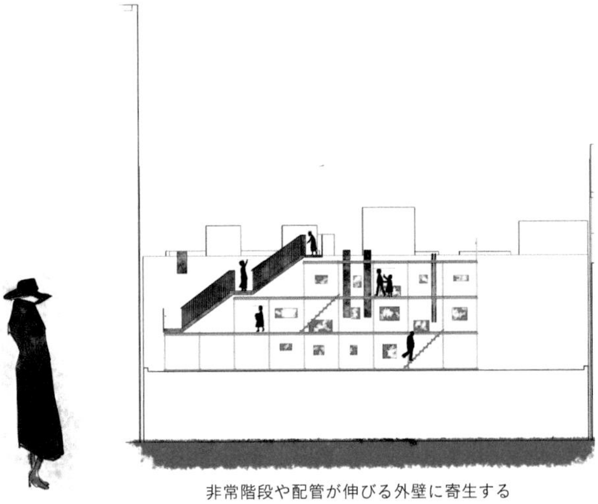

非常階段や配管が伸びる外壁に寄生する

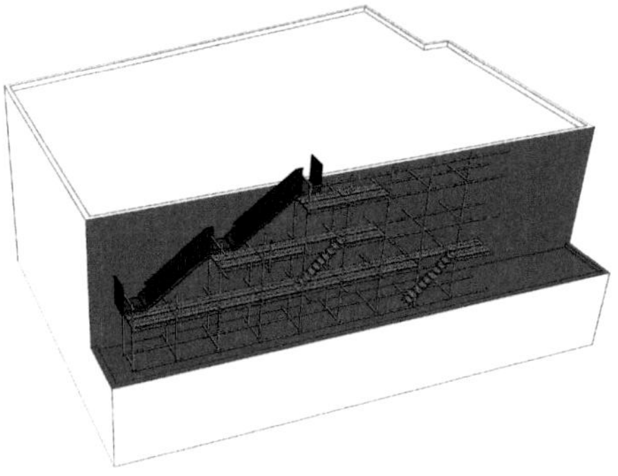

非常階段はミュージアム開催時に主要導線になる

閉鎖的な外壁に隠されたヴォイド空間

物語は道からはじまる

山田 日菜子 やまだ ひなこ
赤松研究室

「みんなで楽しく(卒制の裏テーマ)」
「君がいるだけで(卒制ソング)」
「普段からだけど、片付けができない(卒制中の事件)」

プログラム：保育園共有コア
計画敷地：横浜市 JR鶴見駅前

設計趣旨 待機児童問題解決のため、都心部に小規模な保育園が増えているが、子どもにとって十分な遊びと学びの場と言えるのだろうか。まち全体の保育園が共有する『まちの保育室』と『遊戯道路』によって、小規模な保育園を増やしながらも十分な保育空間を確保できると考える。『まちの保育園』は、昼は園児の遊戯室となり、夕方は学生の寄り道の場となり、夜は会社員

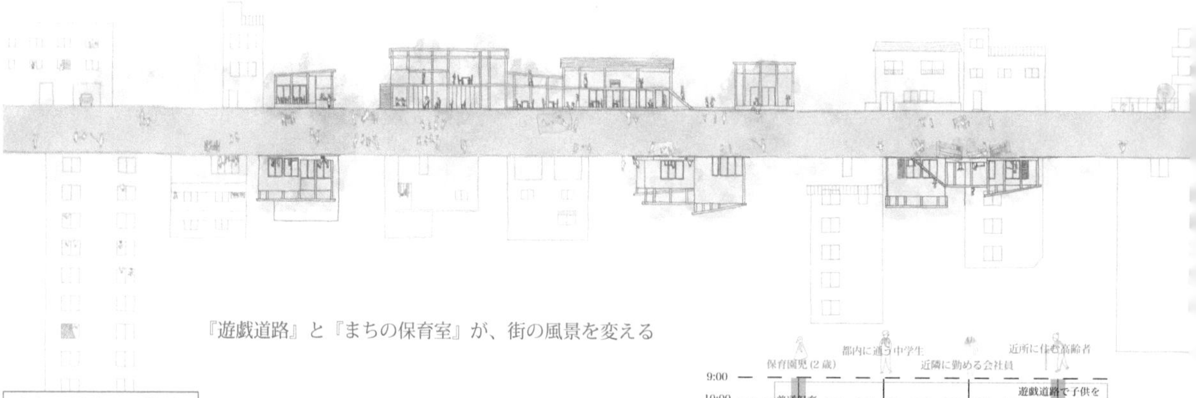

『遊戯道路』と『まちの保育室』が、街の風景を変える

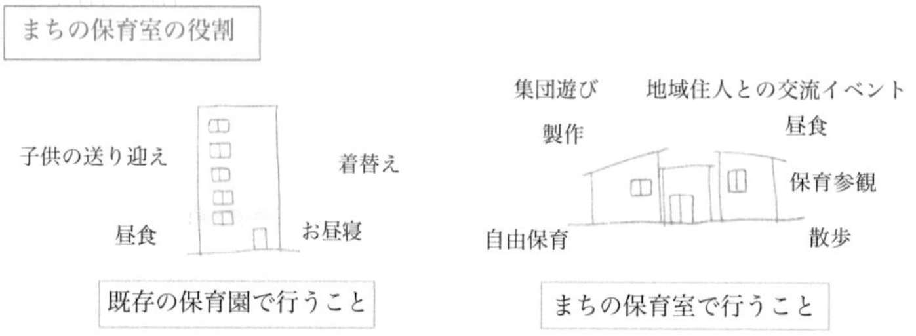

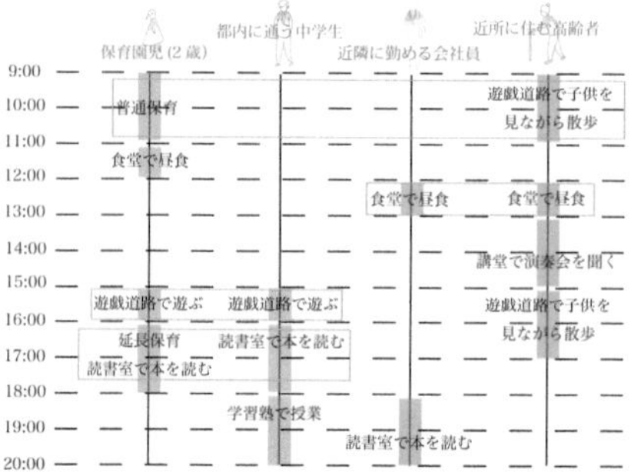

1日の利用者に合わせた設計を行う

日中、道路は住民も通れる保育室となる

や学生の寄り道の場となる。また、祝日は町会が利用し、近所の鶴見神社のお祭りの際は神輿の休憩所や屋台を出す場となる。こうして『まちの保育室』と『遊戯道路』は住人にとっても必要な場所となることで、広場となり、まちの風景を豊かにする。

審査員コメント 既存の保育園が協力し合って成立する、子どもたちの出張所を提案していて、良いアイデアだと思います。一方で、まちの保育室はどこが何をする部屋なのかが設計として分かりづらい。現状の提案では全部が広い工作スペースのような部屋になっているので、例えば食堂は皆が集まりたくなるような雰囲気のある部屋にして、工作スペースには大きな机を置くなど工夫がほしいです。模型に関して言うと、木造部分がうそっぽく見えてしまっているので、もっと忠実につくると良いでしょう。(手塚貴晴)

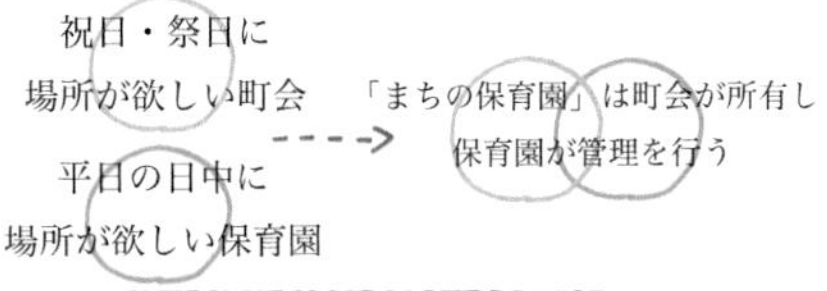

駅前に密集する保育園が共有する「まちの保育室」は町会にとっても欠かせない場所となる。

隣の建物との隙間は子どもの遊び場となる。

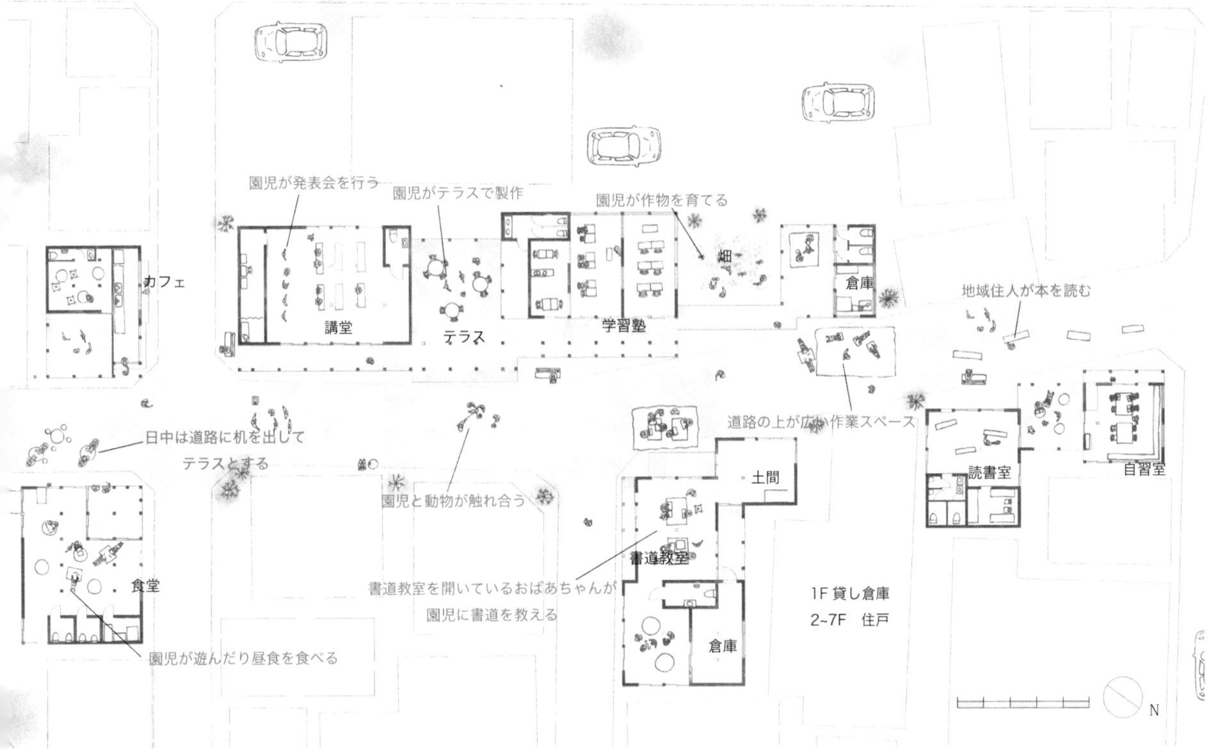

有志展の一年

4月の緊急事態宣言から始まった2020年度。
法政大学建築学科 卒業設計有志展のメンバーは、「withコロナ」を前提とし、
開催の可否から検討を余儀なくされた。さまざまなことが制限されるなか、
建築の議論の場を求めた有志展の一年を振り返る。

11月／エスキス準備中▲

就職活動

大学院入試対策

ポートフォリオ
まとめ

大学院入試

4月 5月 6月 7月 8月 9月

デザインスタジオ7

デザインスタジオ7発表

昨年度からの引継ぎ、開催の可否を含めた今年度の方針を模索

会場検討、他の卒業設計展の事例調査

コロナの先行きを見る。外部院試のため活動休止

コロナ感染状況を踏まえた会議
▽
会場決定！ オフラインでの講評会実施を決定

START

「デザインスタジオ7」
1年時のデザインスタジオ1からカリキュラムを積み重ねた学部設計教育の最終段階。卒業設計に向けて社会的問題群を認識し、プログラムを提案することを目指している。2020年度は完全オンラインで行われた。

4月／ステイホーム中も
メンバーと電話でやりとり▶

報告会

2021年2月26日、総合資格学院吉祥寺校で有志展の報告会が実施された。4年生の中心メンバーと、当日の運営補助を務めた3年生が参加。今年度の企画運営にあたって、役割ごとに部門を設けて作業分担の配慮をしたことや、プレゼンボードを目線の高さに設置したことなどの工夫が共有された。

また、意匠系に加え構造系の出展とワークショップの開催、同じデザ

有志展当日　展示会場▶

2021.
02.17

▲有志展当日
講評会場

卒業論文提出

卒業設計
ラストスパート

卒業設計提出

10月　11月　12月　1月　2月

企画書作成
最終メンバー決定

協賛企業へ説明
審査員、講評会の
運営検討

卒業設計
公開講評会

有志展

▲12月／卒計中間発表後の会議

2月／会場設営中▶

イン工学部の都市環境デザイン学科やシステムデザイン学科、他大学との連携などが今後の課題としてあげられた。出展数を増やすとともに、外部との関りを通した作品のブラッシュアップが期待できる。映像を併用した展示など、オンラインの普及を生かした提案もあった。コロナ禍での苦労は多くあったようだが、新しい有志展のあり方が垣間見えた会となった。

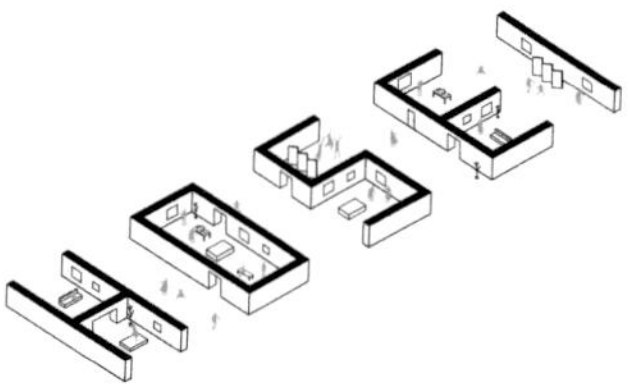

HOSEI University
Graduation Works Exhibitions

2021 法政大学建築学科 卒業設計有志展

発行日	2021年6月18日
編著	2021 法政大学建築学科卒業設計有志展 学生一同
発行人	岸 隆司
発行元	株式会社 総合資格 総合資格学院
	〒163-0557 東京都新宿区西新宿1-26-2 新宿野村ビル22F
	TEL 03-3340-6714（出版局）
	株式会社 総合資格 ………… http://www.sogoshikaku.co.jp/
	総合資格学院 ………………… https://www.shikaku.co.jp/
	総合資格学院 出版サイト …… https://www.shikaku-books.jp/
編集	株式会社 総合資格 出版局（藤谷有希）
表紙デザイン	法政大学（石井 冴、田伏莉子、廣瀬萌音）
デザイン	株式会社 総合資格 出版局（三宅 崇）
写真	法政大学（今津俊佑）、株式会社 総合資格 出版局
印刷	図書印刷 株式会社

Printed in Japan
ISBN 978-4-86417-394-0